现代高校体育教学改革实践与路径探索研究

刘 润 郑蓓蓓◎著

北京工业大学出版社

图书在版编目（CIP）数据

现代高校体育教学改革实践与路径探索研究 / 刘涧，郑蓓蓓著． — 北京 ：北京工业大学出版社，2020.6（2022.1 重印）
ISBN 978-7-5639-7511-2

Ⅰ．①现… Ⅱ．①刘… ②郑… Ⅲ．①体育教学—教学改革—研究—高等学校 Ⅳ．① G807.4

中国版本图书馆 CIP 数据核字（2020）第 122790 号

现代高校体育教学改革实践与路径探索研究

XIANDAI GAOXIAO TIYU JIAOXUE GAIGE SHIJIAN YU LUJING TANSUO YANJIU

著　　者：刘　涧　郑蓓蓓
责任编辑：郭志霄
封面设计：点墨轩阁
出版发行：北京工业大学出版社
（北京市朝阳区平乐园 100 号　邮编：100124）
010-67391722（传真）　bgdcbs@sina.com
经销单位：全国各地新华书店
承印单位：三河市明华印务有限公司
开　　本：710 毫米 ×1000 毫米　1/16
印　　张：11.5
字　　数：230 千字
版　　次：2020 年 6 月第 1 版
印　　次：2022 年 1 月第 2 次印刷
标准书号：ISBN 978-7-5639-7511-2
定　　价：58.00 元

前　　言

大学阶段是学生身体形态发育和运动习惯形成的重要时期，是学生走向社会，成为社会人的过渡阶段。因此这一阶段高校教师要合理地制定教学目标，引导学生积极锻炼，培养学生终身锻炼的意识，让学生在大学期间掌握一种或多种锻炼技能和方法，进而达到使学生保持身心健康的最终目标。从微观上来看，教师要和学生积极地进行沟通交流，了解学生的实际情况，在制定具体的教学目标时，针对学生的身心状况相应地调整教学目标。教学目标并非固定不变的，要不断地根据具体的情况进行改进和完善，保证制定的教学目标的适应性和引导性。

高校体育教学方法应由枯燥型向快乐型转变，为了达到以上目的，高校体育教师在教学过程中要积极学习，拓宽教学思路，更新自己的知识。同时，教师要重视学生的主体地位，积极采用启发式、发现式、互动式、探讨式、研究式等教学方法。积极尝试多元化教学方法，发挥各种方法的优势，使学生更好地参与体育学习，激发学生体育学习的兴趣。例如，在跑步运动、球类运动教学中比较适合使用对抗训练法、团队竞赛法等具有竞赛性的方式来进行教学，以激发学生的主动性。但是在健美操、柔力球等健美性、舒缓性的体育教学中，使用对抗和竞争的方式并不合适。此时教师可以采用小组合作表演的形式为学生搭建一个展示自我的舞台，在表演过程中提升其对体育学习的兴趣，提升其自身的体育技能。同时，教师也应该关注学生的差异化特点和教学需求。对此教师需要通过观察、调查等方式对学生的身体状况以及心理状况做出基本的评估，并在此基础上开展差异化的教学工作。例如，针对体能不足、运动基础较差的女生，高校体育教师应该帮助学生规划基础性的体育运动，降低高强度体育运动带来的身体负担。

目前看来，高校体育教学应该建立起一个全方位的综合评价体系，以此来充分发挥体育教学评价的反馈、督促和激励的功能。体育教学中教师的“教”

和学生的“学”是密不可分的，因此教学评价也应同时评价教师的“教”和学生的“学”。对教师的“教”要评价教师教学的内容、方法以及教学过程的设计等方面。这里采用自评与他评相结合的方法，教师可对自己教学的各个方面进行总结，也可以通过观摩、评议、评优及教研活动等方式进行同行互评，以实现对教师的全面评价。对于学生的“学”，高校体育教学对学生的考核不仅是要在课上对学生进行体能测试的评定，还应对学生体育态度、参与度、掌握的技能，以及身心健康等多方面素质和体育能力进行综合考评，做到更合理、更科学地评价学生。

本书内容系统全面，论述条理清晰，但限于作者水平，书中难免有不足之处，欢迎广大读者批评指正。

目　录

第一章　体育教学概述

第一节　体育教学的概念和性质

一、体育教学的概念

（一）教学的概念

为了更好地理解体育教学的概念，首先可以先对教学的概念进行分析。总的来看，对教学的概念的理解可以分为广义和狭义两个方面。

从广义的角度来看，教学是一种在某种特定形式下开展的教育活动。在这一活动中，负责传授某种知识或特定技能的教学者对受教者进行教育，以期让受教者获得这种知识或技能。其中的教学者可以是教育者，也可以是某种知识的掌握者，所教授的内容可以是一种知识，也可以是某种技能。

从狭义的角度来看，教学指单纯的学校教学，它由教师和学生两个教学主体协作完成，是以特定文化为对象的教与学相统一的活动。在教学活动中，教师扮演着组织者和指导者的角色。在新时期，有关教学的基本观念是，教学是教与学的统一，教融入学中，而学由教的组织引导。

对教学两个方面的概念理解之后，基本可以总结出教学的概念，即在教育目的的规范下，教师的教与学生的学共同组成的一种教育活动。

（二）体育教学的概念

在分析了教学概念之后，再将其与体育相结合，就基本能够确定体育教学的概念。由此可见，体育教学与教学有着很多相似的地方，它也是一种有目的、有计划、有组织地对学生传授知识和技能，发展其智力和体力，培养品德和形成个性的教育过程。只不过其教学的内容为体育相关知识与技能，当然教学方法也与其他学科的教学方法有所不同。

体育教学并不是一种随意的、随心而为的教学活动，更不是完全地做游戏，它需要很多要素协同作用才可以正常、合理、科学地开展。一般来说，体育教学主要由以下八个基本因素组成。

1. 学生

学生是体育教学的主体之一，没有学生就不存在体育教学，没有学生就没有组织教学。总之，学生是体育教学中的主体因素，也是最活跃的因素。

2. 教师

教师是体育教学的主体之一，没有教师不可能存在体育教学，没有教师就没有体育教学中的“指导者和组织者”。在现代体育教学中，体育教师已经不再是过去那种课程的忠诚执行者，而是在完成现有教学的基础上体育课程的建设者和开发者。

3. 教学环境

教学环境是支持体育教学顺利开展的各种软件、硬件条件的综合。良好的教学环境对体育教学起着积极的影响。体育教学中一些运动项目对场地条件和设施有着较高的要求，相比其他学科的教学来说，体育教学对教学环境的要求更高。

4. 教学目标

教学目标是教师开展体育教学的基本依据，体育教学没有了目标就变成了“无头苍蝇”，难以向前发展。在体育教学实践中具有多层次的体育教学目标，它们是体育教学中的定向和评价因素。

5. 教学内容

教学内容是由内容的实体（课程）和内容的载体（教科书）共同组成的，它们是体育教师根据社会的要求、学科的体系和学生的需要选编出来的。没有教学内容，体育教学就显得空洞化了。

6. 教学过程

教学过程是教学的最中心因素，没有了体育教学过程，体育教学也就没有了时间和程序上的支撑，因此也就无从谈起教学的组织和管理。

7. 教学方法

教学方法与教学目标、教师、学生等因素有着密切的联系，它是教师根据教学目标和学生的学习情况所选择的有效的教学技术和手段，其中包含为帮助学生理解学习内容的各种信息及其传递方式。

8. 教学评价

教学评价与教学目标、教师之间有着密切的联系，它是教师根据具体的教学目标制订出的各种评价、考核指标，这些指标既包括教师的教学工作，也包括学生的学习情况。

综上所述，可以总结归纳出体育教学的概念，即在学校教育中，由体育教师和学生协同完成的以传授体育知识和体育技能为手段，以增进学生身心健康，提高身体活动能力、自然和社会环境适应能力，培养良好的思想品德，促进个性发展为目标的教育过程。

二、体育教学的性质

在了解了体育教学概念后，就要对其另一项基本知识进行研究，这就是体育教学性质的问题。事物的性质是与其他事物区分的最明显差异，性质不同的两种事物其带来的表象自然有一定的区别。就体育教学来说，正是因为它本身所具有的体育教学性质，才能明显区别于包括数学、语文、英语、艺术等其他学科的教学。

因此，通过归纳可以找到体育教学的诸多特征，如它的教学地点多为户外；教学中师生都要承受一定运动负荷与心理负荷；教学过程是身体活动与思维活动的结合，并且还有比较频繁的人际交往；侧重于发展学生身体时空感觉以及运动智力；教学更加关注学生自我操作与体验等。

在体育教学活动中，最重要的一个形式就是对运动技能的教学，它是体育育人的主要方式。而对于运动技能的传授也是体育教学与其他学科教学的主要区别之一。仔细来看，运动技能的形成要经历几个步骤才能最终实现，具体包括动作的认知阶段、联系阶段与完善阶段。在认知阶段中，学生与知识、技能之间的联系最为密切，它的主要目的就是使学生对所学技能的结构、要素、关系、力量、速度等要素进行表象化的认识。由于运动技能是学生完成动作的方法，因此可以认为运动技能不具有人的特性，而只是一种“知识”，或称为“操作性知识”。

综上所述，可以断定体育教学的本质应该是一种针对运动技术和知识的教学。当学生学会了运动知识并将之转化为运动技能后，体育教学的目标就达成了。当然，体育教学活动地点大多在户外的条件也是体育教学区别于其他教学的特征之一，但现代体育教学场所是室内场馆的也非常多见，如果坚持把“户外”作为条件之一，未免有些不严谨和片面。

第二节　体育教学的特点和功能

一、体育教学的特点

体育教学与其他学科教学有许多相似的特点，它们的共性在于都属于教师与学生的双边活动，这是所有教学活动的共性，教师与学生在教学活动中发生的各种形式的交流都非常频繁，如语言上的交流和肢体动作的交流等。首先，过往这种交流更多的是教师向学生的传授，现代教学更加注重学生的参与，不过教学仍旧主要依靠教师对学生在某种知识和技能方面的传授。其次，以班级为单位开展教学活动也是共性，只不过有些时候这个班级的组成方式会根据不同需要有不同的编排，如可以根据基础的自然班，或是根据学生的不同兴趣组成的体育教学班等。最后，体育教学与其他学科教学的目的都是一样的，即都是为了传授某种知识或技能。

参加体育活动对于学生身心发展具有很好的作用，特别是对正处在身体发育旺盛期的大学生来说有更加重要的意义。在结合体育教学的性质后，可以把体育教学独有的特点归纳为以下几点。

（一）教学过程的直观性

体育教学过程拥有直观性特点。这种直观性有多种体现，如体育教师对体育教学内容的教授除了要达到与其他学科教师讲解要求一致外，还要求体育教师的语言更加生动，并且还要富有一定的肢体表现能力，以使学生有形象、贴切、有趣的感觉。在某些拥有较难技术动作的体育运动教学中，教师一方面要把传授的重点进行艺术性的描述，另一方面还要用生动的语言、巧妙的解释方法把复杂的技术动作简单化，提升学生对学习成功的自信心，加深学生对教学内容的感知。

实际上，体育教学过程中的每一项内容都具有直观性特点。除刚才说到的课堂讲解，在实践演示中也是如此。在教师运用示范法时，需要进行非常直观形象的动作示范，其中包括正确动作的演示和错误动作的演示，这些演示都是非常直观地展现在学生眼前，并没有一丝做作。这样才会使学生从感官上直接感知动作的正确与错误，以利于他们建立正确的、清晰的运动表象。当学生获得正确表象后，才能使之与思维结合起来，从而达到掌握体育知识、技术和技能的目的。同时，还发展了学生自身的观察能力和形象思维能力。

从体育教学组织与管理过程方面，也能够看到直观性的特点。鉴于教学过程的直观性，教师的行为也应该带有直观性，如要更加富有责任心、为人师表、德高望重，这对学生也是一种无形的教育。另外，直观性特点使得学生在课堂的表现都是最真实的、最直接的，任何伪装在体育教学活动中都是毫无意义的。因此，学生在教学中表现出来的言行都是他们最为真实的一面，而这就非常有利于体育教师对学生的观察与帮助，有利于教师获得正确的教学反馈。

（二）体育知识的传承性

体育是以身体锻炼为主要形式的教育活动。如果从教与学的角度来说，可以将体育知识形容成一种“身体的知识”。这种知识伴随着人类的发展而发展，在不同时期它有不同的发展形式，在原始社会，“身体的知识”就是人类通过走、跑、跳、投、打等动作捕获猎物或逃避猛兽的追捕等行为，而在现代社会中，体育知识的内容变成了某项体育运动或体育技能，如足球、篮球、排球、乒乓球、游泳、田径和武术等专项运动技能。

现代教育越发注重教学过程中学生的主体性作用和“以人为本”的教育理念。人们对这种理念的追求使得人类自我知识的归纳不仅体现了体育教学的特殊性，还给予了体育教学知识传承的特殊意义。从这个层面来看，体育教学所传承下来的体育知识已经超越了简单的模仿，而将更多的相关文化也融入其中。这些体育文化才是体育运动、体育教学等获得长久传承的动力和灵魂。

（三）身体活动的常态性

体育教学与其他学科教学的最大不同就在于在体育教学过程中充满了对身体活动的要求。在体育教学中，几乎所有内容都涉及身体活动，或者是为即将到来的身体活动做准备的活动，这是对作为“身体知识”的体育教学的最好诠释。在体育教学过程中，不仅学生要进行具有一定运动负荷的运动，教师在做示范、做指导和参与到组队教学赛中时也需要付出不少体力。所以体育教学身体活动常态性的特点不止针对学生，它针对所有体育教学主体。

由此可见，在体育课堂教学过程中，教师与学生的身体操练非常频繁，这种几乎于常态化的特点成为体育教学非常显著的特点。与之相比，其他学科的教学必须在教室（实验室、多功能厅）进行，且要保持相对的安静，这样才能激发学生的思维并产生很好的学习效果。而体育教学却刚好与之相反，其教学的地点多为户外或专用运动场馆，普遍较为宽阔，而且在大多数时间的运动技术练习环节并不需要保持安静，学生之间、学生与教师之间都可以随时有相关的交流和沟通，如此才更有利于对运动技术的学习。

（四）身体与心理的统一性

在许多人的概念中，身体与心理是两种不同的事物，彼此间并没有很多的交集。实则不然，现代科学研究发现，身体健康有助于改善心理健康，而心理健康与否也可以影响身体健康。另外有一种观点认为开朗的人热爱体育运动，而事实上则是因为人参加了体育运动，才开始变得开朗、阳光。这就是典型的运动改变心理的事例。因此，在体育教学活动中就存在身体与心理的统一性特点。

体育教学在乎对人身体的改造，与此同时它还强调人的心理与多种适应能力的发展。而在其他学科的教学中便无法达到这样的效果，这主要在于体育教学营造了不同种类的教学情境，这种情境表现出了十足的阳光、生动。一系列积极的情境使得参与其中的人在潜移默化中受到感染，为学生的心理与社会适应能力的健康发展提供了良好的环境。

由此可以说，在体育教学中，人的身心发展看似是多元的，但实际上其在过程中是一种一元化的锻炼，即达到身体与心理的共同发展，身体与心理表现出十足的统一性。身体发展是基础，心理发展依赖于身体的发展而存在，心理的发展同时促进身体的发展。具体来看，在体育教学中人的身体与心理的统一性主要体现在以下两个方面。

1. 体育教学内容的选择要注重身体与心理的统一

体育教学内容是体育教学活动的依据。教学内容的好坏将直接影响教学效果。因此，为了体现体育教学身心统一的特点，首先就要从教学内容选择环节开始，也就是说，选择的教学内容要对学生身体各部分、各种运动能力和各种身体素质具有积极影响，而且要注重教学内容对学生心理及社会适应力的影响，所选教学内容的编排要符合该年龄段学生的心理特点，除此之外，还要满足美学、社会学等其他方面的要求。

2. 体育教师选择的教学方法要注重身心统一

由于与其他学科教学相比体育教学增加了更多的内容，因此，相应地，体育教学的方法也就更加丰富。体育教学方法的选择主要是由体育教师进行的，为了使体育教学保有身心统一的特点，体育教学方法的选择就要关注这方面的内容。通常为了体现这一特点，体育教师选择的教学方法都要遵循与学生年龄段相适应的身心变化规律，使学生在经常进行的体育教学活动中学习到正确的体育技术和技能，学生掌握这些技能的成长曲线并不是一路上涨的，而是有忽高忽低、忽快忽慢起伏的过程。另外，体育教学方法的选择还应符合学生的心理特点和年龄特点。与体育技能学习的规律相似的是，学生在接受教学时其心理活动也呈现出波浪式起伏的现象。这种生理、心理负荷波浪式的变化规律，体现了体育教学鲜明的节奏性和身心的和谐、统一性。因此，要想选择正确的、适合学生身心发展的体育教学方法，体育教师就必须分析学生的这些诸多身心特点，如此才能在促进学生身体发展的同时，有效激发学生的积极性和兴趣爱好，更有效地发挥体育教学的功能。而根据不同阶段学生的身心特点选择恰当的教学方法也是评判一位体育教师综合水平的重要依据之一。

（五）教学内涵的优美性

体育教学内容是非常丰富的，它会涉及多种与体育相关的内容，不仅仅限于球类运动、游泳、田径，还包括如体育舞蹈、瑜伽等内容。通过对这些内容的学习，学生可以普遍从中体会到源自体育的丰富情感，这种情感几乎都从“美”中而来。

体育教学内容丰富的情感性首先体现在体育教学过程中，师生可以从中体会到只有体育才能赋予的人的人体美和运动美。学生通过接受体育教学，掌握体育健身的方法和技能，以达到运动塑身的效果，使身体外在形态保持优美的线条和良好的身材比例，同时在运动中，可以看到人体不同的动作展现出的动作美和肌肉的动态美，这种美只有在运动中才能看到，是极为外显的美。在内在精神方面，体育教学也蕴含着“美”的元素，如学生为了争取比赛的胜利而表现出的不畏强敌、奋勇争先的精神，在关键时刻始终保持冷静的心态，或是在运动过程中表现出谦虚的品质等。

既然有美的存在，那么就要有欣赏美的人和能够欣赏美、懂得如何欣赏美的能力。每一项运动都向人们表现出了不同的美的特点和审美特征，如球类运动可以表现个人对球类技术的掌握能力，集体球类项目中除了个人能力外，还包含了与队友之间的协作和互助精神。这些内容都是人类积累下来的体育知识与技能，体育教师通过科学的概括和提炼，将其精髓传授给学生，意在使学生也能感受到体育中蕴含的美，并学着去享受它、感悟它。体育之美首先给人的最大作用就是陶冶情操，平衡人们的心理状态。其次，体育教学是一种创造性的社会活动，其创造的成果就是让学生获得内在的顿悟和精神上的启迪。同时，体育教学中教师和学生之间有一条无形的通道将他们联系着，构成了教与学的系统。教师在传授知识的过程中，会伴随着师生间丰富而真诚的情感交流。

（六）客观条件的制约性

正是因为体育教学涉及的内容较多，再加上与之相关的构成要素也同样较多，就使得体育教学会受到更多客观条件的制约，而这也是体育教学不同于其他学科教学的一大特点。具体来说，制约体育教学活动的因素主要有体育教学场地条件、器材、气候、学生运动基础、学生其他基本情况（年龄、性别、生理和心理特点）等。这些因素都会影响体育教学质量的高低。

学生是体育教学的主体之一，是体育知识与技能传授的受众。从这个角度来看，学生的诸多情况会对体育教学本身造成一些影响，因此体育教学要想进行得顺利，获得良好的教学效果，就要注重对学生的运动基础方面以及体质强弱等实际情况的区别对待。这些差异具体如男生与女生不同的身体形态、机能水平、运动能力等，根据这些差异，学校体育教育部门和体育教师在进行教学设计、教材选择和教学组织时就要考虑周全，否则不仅不能达到预期的教学效果，还可能会增加体育教学的风险。

体育教学环境是体育教学的场所。作为重要的教学载体，体育教学环境质量的高低对体育教学会产生较大影响。通过几个事例就可以很好地说明这个问题。如经常在室外开展的体育教学，如果面临的是严重的空气污染，或邻近马路带来的噪声污染则势必会影响体育教学主体在教学活动中的状态与情绪；天气对于室外体育教学的影响也是不能忽视的，这一点在早些年比较明显，如遇到雨、雪、大风等恶劣天气时，体育教学被迫停止，转而来到室内进行一些体育理论课的教学，如此势必影响体育实践课的顺利开展。

综上所述，在诸多客观条件的制约下，为摆脱不利条件的影响，体育教师从学年的体育教学计划到具体课时计划，从教材内容选择到教学组织方法实施都必须考虑这些客观实际与影响因素，尽量将制约因素的影响程度降至最低，以提高体育教学的质量与效果。

二、体育教学的功能

（一）促进身体发展的功能

学生亲身参与体育运动实践在体育教学活动中是必不可少的。而既然参与体育运动实践，就必然会使身体承受一定量的运动负荷。为保证学生身体的健康，运动负荷强度需要由体育教师酌情掌控。

合理的运动负荷对发展学生身体素质有极大的帮助，它对学生的肌体或多或少会产生一定的刺激与影响，其影响的程度要视运动项目的内容、学生身体素质、持续运动的时间、运动间隙时间、营养补充等状态而定。而不同运动项目对身体的锻炼重点也有很多区别，如足球运动对人体的耐力、爆发力、速度和灵敏度有着较高要求，游泳对人体心肺功能和协调能力有较高要求等。由此认定体育教学具有促进身体素质发展的功能是毋庸置疑的，但同时要注意的是，如果运动负荷过大，那么体育运动不仅对身体健康没有好处，反而会伤害学生的肌体。为了把握合理的运动负荷，就需要体育教师在制订教学计划前就对学生的普遍体质与运动基础有一个清晰的认识。因此，从体育教学影响身体功能的角度而言，要有效发挥体育教学健身功效，必须遵循体育教学的规律，运用科学的教法与组织形式，才能达到预期的效果。

（二）促进心理健康的功能

世界卫生组织确定的现代健康新标准中明确规定了心理健康也是评定人体健康的指标之一，我国自古也有“身心合一”的理论。经过长期的实践发现，体育教学在对学生身体产生积极影响的同时也会对学生的心理与思想产生影响，这方面的影响与其他学科既有共性，也有差异性。体育教学促进心理健康的功能主要是通过教师传授来实现的，因为教师的一言一行无时无刻不影响着学生的思想，教师必须身体力行，为学生做出表率。教学更为重要的作用是传授各种人类社会的道德、规范与理念，这是学生走向社会之前的必学内容。

具体来说，体育教学对学生心理的影响主要包括个人心理与团体心理两个方面。

从个人心理方面看，体育活动一方面可以缓解学生的学习压力；另一方面，参与体育运动就要频繁地面对成功与失败，其中失败和挫折的次数远远多于成功，由此可以培养学生在逆境中正确调整心态的能力，作为胜利者也要做到戒骄戒躁。只有具备这样的素质，才能再接再厉，取得成功。

从团体心理方面看，学生作为体育运动团队中的一员，需要处理好个人利益与集体利益的关系，体育教学有培养其克服一己私欲、顾全大局思维的作用。

（三）提升社会适应的功能

现代社会的发展速度非常迅速，这使得人们稍有停留便会被潮流所抛弃。对于青年来说，紧跟社会潮流，并且在跨入社会后能够与之较好地融合是非常重要的。这是体现人的软实力的标准之一。在体育教学中，学生之间的交往具有特殊性、外显性与频繁性，学生在多样的体育活动中会产生多种身体之间的交流，交流的同时也传播着各种体育竞赛的规则，竞赛规则就好似社会规则，需要人人自觉遵守。由此可以说，大学校园就像一个微缩化的社会，这个社会规定了学生之间需要遵循的各种规则与准则。若不遵循，必然受到惩罚；若表现突出，则得到表扬称赞。执行这些规则与准则的人就是教师。因此，体育教师只有做到公正，才能对学生产生良好的影响，培养学生良好的体育道德规范，进而培养学生适应未来社会的各种道德规范与做人理念。

（四）传授运动技能的功能

在远古时期，运动技能就等同于生存技能。那时的人类通过走、跑、跳、投、打等行为捕猎和采摘，以获得生存的能量。而现代社会早已物质丰盛，对于人体的要求就不再像过去那样严格。运动技能也演变为了丰富的体育运动技能，如球类、武术、田径和游泳等。科学研究表明，适当参加体育运动对人的身心素质提升均有较大帮助。最终，体育教学就成为传授这些运动技能的最好方式。

从具体的实践角度来分析，体育课堂就是体育教学的最小单位，其基本活动就是体育教师以体育教学内容为依据对学生传授体育知识与相关技能的双向信息传送活动。因此，运动技能就成为体育教学的主要内容也是重要内容。运动技能的学习不同于其他学科技能的学习，它不仅需要学生对运动理论有深刻的了解，还要身体力行地亲身参与技能练习，在无数次的重复中逐渐建立起对技能的表象反应，最终到熟悉动作以及可以在下意识的情况下做出正确的动作。因此，对于运动技能，没有实践就无法使学生学会。

对于运动技能的传授，体育教师是关键。作为运动技能的掌握者和传播者，教师在体育课中传习的是各项具体运动技能，如足球运动中的传球技能，甚至可以细分到内脚背传球技能。其他运动项目的技能传授也可以依此类推。体育教师对运动技能的传授通常都会从简单的、入门的、基础的入手，在此之后使学生逐渐积累、循序渐进，只有从小的运动技术学起，才能积少成多，掌握多项运动技能。

（五）传承体育文化的功能

体育教学并不仅是简单的体育运动技能和相关知识的传授活动，这些只是表面上的行为，体育教学真正的目的在于教会学生正确的体育运动方法，使其能在未来的生活中对学生身心产生持续的良好的影响，更在于一种体育文化的传承。

从体育教学的系统结构视角出发，体育教学是由每周二至三次的体育课组合而生的一种贯穿全年的教学计划。其中根据教学周期的不同可以分为课程教学、周教学、学期教学和学年教学。比学年教学周期更长的就是小学体育教学、初中体育教学、高中体育教学和高校体育教学。

从单一一堂体育教学课的视角出发，可以把体育课中传习的各种小的运动技能累加起来，学生学到的是某个运动项目的完整技能，继续累加，就学到了多种运动技能。

综合两种视角，可知学生通过不同阶段的体育教学，学习到较为完整的运动知识、运动文化，掌握各种运动技能，从而实现体育教学传承体育文化的功能。

第三节　体育教学的原则和规律

一、体育教学的原则

原则，即人们说话办事依据的准则和标准。教学原则，则是根据各种不同的教学因素，把同类性质的因素加以科学的抽象和概括而形成的准则（如直观性原则、自觉性原则和教育性原则等）。体育教学原则，是体育教学过程客观规律的反映，是在长期的体育教学实践中积累起来的具有普遍意义的经验的总结和概括，是体育教师进行教学工作必须遵循的准则。体育教学原则与其他的原则不同。同样，体育教学与其他的教学也不同。最根本的不同在于体育教学突出认识和实践。从而得出，认识和实践的有机统一是体育教学区别于其他教学过程的根本特征。教师应合理地运用体育教学原则，以促进学生的身心健康全面发展。

（一）我国的体育教学原则

体育教学原则在各个不同时期均有不同的发展，不同的国家体育教学原则略有不同。我国的体育教学原则一般有自觉积极性原则、直观性原则、从实际出发原则、循序渐进原则、全体全面发展原则、合理的运动负荷原则、巩固提高原则、启发式教学原则。随着社会以及教育学、心理学、社会学、教学论、方法论和体育科学的不断发展，人们对体育教学原则的认识不断加深，在研究体育教学原则体系的过程中形成了多种不同的思想观念。体育教学原则不是仅仅局限在以上原则上，但是也并不是不赞同我国的体育教学原则。现在研究者也是在我国体育教学原则体系的基础上对其进行逐步完善，使其对教学实践过程的指导越来越科学。《我国体育教学原则的历史演变》中阐述了体育教学原则各个时期的完善和发展，指出了体育教学原则不再是仅仅重视体育教学的学科性、健身性和思想性，而是开始关心学生身心健康的全面发展和人文精神的培养。然而，这也是受当时学校体育指导思想影响的必然结果。

（二）体育教学原则的运用

体育教学原则保证体育教学的顺利进行，所有的教学原则相辅相成。下面详细介绍直观性原则、巩固性原则、合理的运动负荷原则、循序渐进原则、启发式教学原则。

1. 直观性原则

对于直观性教学，要求教师给予学生一个正确的直观概念。教师应抓住重点，生动形象、语言简短明了地进行讲解，可以让学生反复地进行一个动作的练习，使学生的感觉器官建立暂时的神经联系，形成正确的动作定型。例如，在练习太极的过程中，太极“抱球”的手势，将这一动作传授给学生，使学生手掌的五指分开假设双手之间抱着一个球，我们可以运用这一原则。对小学生而言，其模仿力较强，这一原则是教学过程中最为有效的原则之一。

2. 巩固性教学原则

这一原则，有助于学生动作的熟练和形成更加标准的动作。目的就是能多加练习，形成一种肌肉记忆，再到熟能生巧。例如，在篮球运动项目中，学习篮球运球、急停、转身、传接球时，为了巩固转身这个动作，可以把急停、转身、传球贯穿进去。三天不练手生，如在网球教学中，长时间不练网球发球，随之抛球的稳定性、发球的成功率均会下降，此时就需要多加练习进行巩固，这一原则尤其适合刚接触项目的学生，巩固练习，形成正确的技术动作。

3. 合理的运动负荷原则

这一原则要求教师在上课期间根据教材的特点、教学条件，考虑学生的实际情况，合理地安排教学内容，使学生不仅能更好地掌握技能还能促进其身体健康发展。教师应合理安排运动量和运动强度。通俗来讲，这里的运动量与运动强度并不是同一概念，运动量指的是次数、组数、负重时间等，而运动强度指的是完成练习所用的力量的大小，如负重的重量、跳的高度、跑的距离等，合理地安排运动量与运动强度，量大则运动强度小，运动强度太大，则相应减少运动量。

4. 循序渐进原则

循序渐进原则，从字面理解就是由简到难、由一般到复杂的原则。逐步进行，不断提高。例如，网球的正手击球，包括从握拍开始，到准备姿势、引拍上步，再到挥拍，最后恢复准备姿势这样一个完整的过程，练习者开始可以做无球的动作练习，再做有球的原地击球动作练习，最后做有球移动的动作练习，这样逐一练习，逐步进步。

5. 启发式教学原则

采用启发式教学原则可提高学生学习的积极性，调动学生积极思考，加深学生的理解和认识使学生牢记动作、少出现反复，启发学生主动去思考去领悟。例如，在排球发球的教学中，通过生活当中甩鞭子的一个动作，启发学生做发球动作时一次用力的发力顺序，或将其用于标枪等投掷项目当中，使学生能够举一反三，培养自学的能力。运用启发性原则，开发学生智力，调动学生学习的积极性，科学地进行训练，取得事半功倍的效果。

此外，教学原则还有因材施教原则、超负荷原则、恢复原则等，无论哪一种体育教学原则，目的都是从学生的根本利益出发，提高学生的身体素质，促进学生的健康发展。

体育教学原则体系将随着社会的不断发展，教育学、心理学等相关学科的发展也随之不断发展。近年来，随着新课改不断深入开展，一套套新的体育教育原则应运而生。目前，我国有关新课程与体育教学原则创新的研究还有限，基础教育体育（与健康）课程的改革与发展滞后，我们应取其精华，去其糟粕，把体育教学原则通俗地贯穿到教学中去，使学生容易接受、理解，达到自觉练习的目的，开发学生智力，提高学生的体能素质，促进学生身心健康全面发展。

二、体育教学的规律

体育教学，就是通过各种体育运动小组的活动和比赛，以及参加群体性的体育活动，使受教育者的身体得到多方面的锻炼，增强运动的技能和技巧，提高体育锻炼的兴趣。在高校的体育教学中，我们着力探索体育教学规律，努力丰富体育课程内涵，体育教育教学取得了一定成效。

（一）探索规律组织体育教学

如何组织好高校体育课的教学工作，更好地为教学服务，是体育教学中的重要问题。

首先，教师要把握体育课自身特点，即通过身体的各种练习，使体力活动与思维活动紧密结合，使学生掌握体育知识、技能和技巧。要遵循体育教学过程的规律，根据教学内容和学生情绪的不同，灵活组织教学。

其次，遵循体育教材特点，组织教学活动。因此，教师在教学中要善于把握教材特点，挖掘教材潜力，改革传统教学形式，充分调动学生学习主动性和创造性，提高教学效果。

最后，体育教学不仅要遵循体育规律，还要遵循学生身心发展规律。要根据儿童的生理和心理特点，如有意注意时间短，兴奋过程和无意注意占优势，好奇、好动、好模仿、好竞争等现象来组织教学。

（二）丰富内容推进素质教育

体育教育是素质教育的有机组成部分，体育教育之目的就是通过初步学习和掌握体育的基本知识、基本技术和基本技能，完成锻炼身体、提高思想道德水平的任务，从而有效促进素质教育的。

从体育活动的性质上来说，体育活动有利于发展学生的特长和才能。学生在活动中自己教育自己，有利于学生自觉地去接受教育，养成良好的守纪律讲规矩习惯和形成高尚的思想品德。

从体育活动的组织上来说，体育活动形式多样、不拘一格，有利于学生的身心发展，有利于培养学生的观察力、思维力、想象力、创造力，有利于提高体育活动质量，从而提高学生素质。

从体育活动的目标培养上来说，要培养学生“三种意识”“四种能力”。所谓“三种意识”就是培养学生的参与意识、实践意识和竞争意识。“四种能力”就是观察力、注意力、记忆力、想象力。

（三）体育课渗透爱国主义教育

一是通过体育教学活动培养学生的集体意识，增强爱国热情。由于体育教学的特殊性和组织方式的多变性，容易导致集体与集体、个人与集体的频繁接触，学生对集体间的竞争和对抗、胜与负比较敏感，情感流露比较真实。根据这个特点，我们积极帮助和引导学生树立正确的集体观念，使其正确对待个人与集体、集体与集体之间的关系，培养团结协作、互相配合的集体主义精神。

二是联系相关事物，引申教育内容。通过引申教育内容，来加强爱国主义教育。例如，在"快速跑"这一教学内容中，融入了"时间"概念。教师通过开动手中的秒表，把分分秒秒报给学生听，让学生体会时间和空间印象，然后将时间所包含的经济、文化等价值和学生分享，即通过珍惜时间，给国家创造财富，培养学生的时间观念。以此来培养学生兴趣，丰富学生知识，激发学生的爱国热情。

（四）体育教学风格形成的基本规律

教学风格指教师根据各自的优势、特长，结合教学的具体情况，经常采用的一整套个性化的独特教法，以追求最佳的教学效果为目标。在体育教学中，形成独特的教学风格，是体育教师进入高层次教学境界的重要标志。它对学生学习态度的形成、个性特征的培养、学习氛围的创建、合作精神的养成等都有积极的作用。教学风格是体育教师在创造性劳动中逐步建立起来的"独特教学模式"，在建立的过程中既能体现出教师的教学思想、教学意识、教学技巧等内在的东西，又能表现出教师的教学行为、教学形式、教学效果等外部的特征。本书对体育教学风格形成的规律进行研究，旨在为提高教学效果提供参考。

1. 体育教学风格的基本特点

（1）突出个体性。体育教师的个性心理特征对教学风格有直接影响。如偏于多血质气质类型的教师，情感丰富，教态亲切，善于启发诱导学生，教学中反应敏锐，方法多样，因此，可以称其教学风格为"民主型"的。北京王仲生老师的"以心导教，心动身随"具有这个特点。偏于胆汁质气质类型的教师，情感浓烈，作风果断，教学中兴奋性高，富有激情，动作幅度大，感染力强，因此，可以称其教学风格为"激情型"的。但当学生练习出现问题时，此类教师容易表现出急躁发火现象。而黏液质气质类型的教师，一般性格清高，教态稳健，教学中往往含蓄深沉，简洁明了，因此，可以称其教学风格为"沉稳型"的。但此种类型的教学风格有时会降低学生的学习兴趣。作为教师应有意识地发挥自己教学风格上的优势，克服不利因素，从而使个性心理特征与教学风格形成最佳的结合。

（2）追求稳定性。体育教师的教学风格一旦形成，将有相对稳定的特征。这是由教师的个性心理特征、知识结构、文化素养、工作环境、社会赋予的要求等所决定的。知识结构、文化素养的不同，会直接影响教师的思维模式、教学理念和治学特征，因而最终会孕育不同的教学风格。教师教学风格的形成应有一个较为宽松的社会环境、一个良好的研究氛围、一个灵活的教学空间，只有这样才有助于教师开创性地工作，形成其各自特有的教学风格，克服“高度统一”“千人一面”的现象。专家对王仲生、蔡福全老师教学特色的概括是，两位教师几十年的教学经验积累，具有相对的稳定性。稳定的教学风格有助于教师在相应的工作状态下进行教学，有助于学生在一定时期内逐步适应教师的教学风格、较好地理解教学目标，从而取得最佳教学效果。

（3）实现创造性。体育教师教学风格的形成，是一个长期实现创造性工作的过程。大量实践经验证明，教师教学风格的形成是有规律可循的，即未有风格、形成风格、打破风格、形成新风格。这种良性循环需要教师创造性地开展研究工作。当然，创造性的研究工作是随着教师教学经验的积累、知识水平的提高、职业要求的深化、学生需求的变化等情况而逐渐进行的，往往是自觉与不自觉相结合的。例如，小学阶段的教学，以养护为主，参与意识和锻炼并重，注重培养兴趣，较偏重引导、游戏形式的教学，因而易创造出“启蒙、生动、亲切”的教学风格。而初中阶段的教学，重视学生在多种多样的运动条件下能够有意识地去活动，充分体验体育的乐趣。高中阶段的教学，偏重于教会学生运用体育手段和方法，进行独立锻炼，进一步培养锻炼习惯，因而易创造出“严谨、规范、民主、生动”的教学风格。

2. 体育教学风格形成的过程

（1）模仿阶段。初为人师，有几个角色需要转换。即由学生向教师的转换、由过去的“学”向现在的“教”的转换、由被动的被人管理向主动的管理别人的转换、由随意的行为向规范的行为转换等。作为青年教师从主观上都有搞好教学工作的良好愿望，但往往又苦于角色转换较慢、教学经验不足而无法达到预期的教学目标。那么，最直接、最有效的办法就是模仿，模仿老教师的教学风格。一般模仿是从局部开始的，逐渐向全局扩散；或先是形式的，后是内容的。如果当一组好的教法和组织形式被青年教师模仿使用取得明显效果的时候，有心人就会进行一定的反思，分析这种事半功倍所产生的原因；如果套用相同的方法和形式教授不同的内容，不会产生好的效果，此时一定要分析造成牵强附会的原因。

（2）选择阶段。青年体育教师在模仿老教师教学风格的基础上，已对不同的教学风格有了大致的了解，开始对自己感兴趣的教学风格进行选择。一般来说，青年教师首先选择的是与自己专业或专项相关的教学风格。这样更利于发挥专业特长，反映自我风格特点，体现了“一专”的要求，在以往的毕业生中专业体育院校毕业的青年教师表现得较为突出。其次是选择与自己专项有一定联系的教学风格，因为学校体育教学的内容很多，只靠专项教学是不够的，按照教学大纲要求，每位体育教师必须对所教授的内容有透彻的理解和掌握，所以要在专项的基础上扩充其他内容，同时必然涉及不同类型的教学风格。随着看课、观摩、分析课、研究课的增多，以及对不同年龄体育教师接触的增加，选择的范围也在加宽，以体现“多能”的要求，在以往的毕业生中师范院校体育系毕业的青年教师表现得较为突出。

（3）定向阶段。当体育教师对众多教学风格特点有了较为清晰的认识后，还必须找准自己的定位，扬长避短地开展教学，逐步形成独特风格。一般来讲，体育教师可以根据自己的知识结构、文化素养确立教学风格。如知识面较宽的教师，教学讲解中能够旁征博引、挥洒自如，其教学风格必然呈现“洒脱流畅、生动活泼”的特点；而知识结构以专深见长的教师，教学中能层层递进，分析问题如抽丝剥茧，其教学风格也更为“深沉隽永”。体育教师也可根据自己的气质类型确立教学风格，气质是个人心理活动的动力特征，这种动力特征主要表现在心理过程的强度、速度、稳定性、灵活性及指向性上，气质对教学风格的确立和形成具有深刻的影响。另外，还可以根据治学领域的特点确立教学风格，治学领域的“土壤”不同，必将培养出各异的“风格之树”。

（4）创新阶段。体育教师教学风格的形成，实质是一个不断创新的过程。教师的教学风格一经确立，便以一个相对稳定的状态表现出来，但不是一成不变的。教学实践证明，教师教学风格的变化是一种螺旋式的上升。这与教育内涵的扩展、教学内容的更新、学生需求的变化、教师教育理念的提升有密切的联系。其中教师教育理念的提升是最为重要的，只有观念的更新、意识的超前，才可能带来行动的创新。一种教学风格的形成，蕴含着教师的创新意识、创新思维、创新能力、创新活动等。

综上所述，体育教学风格是体育教师在创造性劳动中逐步建立起来的“独特教学模式”，在建立的过程中既能体现出教师的教学思想、教学意识、教学技巧等内在的东西，又能表现出教师的教学行为、教学形式、教学效果等外部的特征。体育教师教学风格形成于长期的教学实践中，发轫于艰苦的探索，是教学一般规律与个人教学实践相融合的产物，是教学内容与教师灵感的交融升华，是教师个人创造性思维的结晶。教育管理者应善于发现和培养有“独特教学模式”的体育教师，创造性地开展工作。

（五）注意规律在体育教学中的运用

在教学中我们常常会遇到学生注意力不集中的情况，它是困扰教学效果的主要因素，学生是否集中注意听课，和教师的讲课有很大关系。优秀的教师一定是课堂上的焦点，他的一言一行能吸引所有学生的注意，使学生在课堂上的心理活动集中指向他。注意是教师与学生之间教与学的一个重要的心理活动，有一个磨合过程，这个过程直接影响着师与生、教与学的默契，也影响着教学质量。学生良好的注意品质是教师在长期的教学训练中培养和发展起来的，利用注意规律上好体育课，传授体育基本知识和基本技能是教师探索和研究的方向。

1. 运用无意注意的规律组织教学

（1）合理利用刺激物的特点来组织教学。根据条件反射的强度规律，刺激物在一定限度内的刺激强度越大，越能引起人的注意，课堂上影响学生注意力的诱因有很多，一切刺激物都会干扰注意力，我们要正确区分刺激物的良莠，新的教材、讲解的趣味、示范的优美、器材的新鲜感等都会激起学生的良性注意，尽量消除不良刺激物对教学的影响。

（2）采用不同的教学方法，吸引学生的注意。体育教学不同的教法可以转移学生的兴趣，变换教法能使学生从一个兴趣点转移到另一个兴趣点，持续不断激发学生的兴趣，是吸引学生注意的前提，因此教师在体育教学中应充分利用这些条件，启发学生思考，分析动作之间的内在联系，集中学生的注意力，便于学生领会动作要领，掌握运动技能。组织学生练习时，还要注意变换方式，可采用竞赛、游戏的形式促进学生学习体育知识与技能，调动学生积极性，从而收到较好的教学效果。

（3）利用语言的形象描述，吸引学生的注意。语言交流是体育教师进行教学和组织学生练习的重要工具，教师讲解时，声音的大小、语速及声调的变化都可以引起学生的注意，直接影响教学效果。教师的语言要言简意赅、生动形象具有启发性，适合学生的接受能力，语言的鼓励与安抚能很好地帮助学生克服困难和心理障碍，集中注意，提高学习积极性。

2. 运用有意注意的规律组织教学

课堂上学生有意注意时间的长短，决定课的成功与否，有意注意也称主动注意，它是有目的有意识的心理活动。只有提高学生的有意注意能力，才能提高其学习锻炼的质量。在组织教学的过程中，要求教师不但要想着上好课，还要想着培养学生有意注意的能力。组织教学，集中学生注意力，以提高教学效果。

（1）明确体育课学习的目的，提升有意注意的能力。学生对于为什么要上体育课，为什么要进行训练并非深知答案，因此，教师对学生要经常进行引导教育，使学生明白终身体育有益身体健康，激发学生自觉积极地学好体育，锻炼身体。明确学习目的的教育还必须渗透到日常教学训练中，教师在教学的开始阶段就要树立学生终身体育有益身体健康的思想，使之养成稳固的健身习惯，并自觉而为之。

（2）根据学生的兴趣特点，有的放矢。兴趣是集中注意的重要心理因素，教师在教学过程中必须了解学生兴趣发展的各年龄段的兴趣特征，有经验的教师既会重视学生的直接兴趣，又会重视学生的间接兴趣，根据学生不同年龄段的心理特点，在教学中引导学生，提高学生锻炼的积极性。还可以编一些通俗易懂、简单易学的口诀，来提高学生的学习兴趣，对理解能力强的高年级学生可采用视频、幻灯教学，使抽象概念直观形象化，并用剖视、慢动作分解演示等教法，分析理解复杂动作的结构，培养学生的兴趣，吸引学生的注意力，从而提高教学效果。

（3）提升学生自我监督的能力，培养良好的行为习惯。良好的行为习惯是集中注意力的重要条件，学生行为习惯的形成要经过长期培养，因此，教师在教学过程中，对学生要进行常规教育，如按时作息、遵守校规和比赛规则、上课注意听讲、认真完成作业等，养成良好的行为习惯，提升有意注意的能力。

3. 善于运用两种注意相互转化的规律组织教学

课堂上，一般来讲，学生的无意注意时间短、频次高，有意注意时间长、频次低，对刺激物的直接兴趣可以引起无意注意，而对刺激物的间接兴趣可以引起有意注意，两种注意在同一活动中又是相互联系和转化的，只注重无意注意，学生虽然有兴趣，但无坚强的意志和克服困难的能力，也不能完成既定的体育教学任务。注意是有实时性的，短时间内学生情绪高涨，可以提高学生的学习锻炼的效果，可时间长了，情绪消滞，学生会有厌倦感，因此，有经验的教师会合理地安排教学内容，激发学生兴趣，通过适时讲解、示范、演绎，引起无意注意。另外，教师要培养学生不怕困难钻研学习的意志品质和探索精神，提高学生主动注意能力，在课堂学习锻炼过程中，应避免过多的重复练习，以免学生产生消极情绪，要求教师要间断地进行有关联的指导，使学生时刻保持较高的情绪和兴趣，促使两种注意的相互自然转化，从而提高体育课的教学质量。

要上好体育课，在开始阶段教师要通过简洁明了的讲解宣布课的任务，引起学生的兴趣，激励学生体验的欲望。在平常的体育课中，要不断地培养学生的注意品质，使其主动地去专注某些事物，形成注意的稳定性，学习锻炼就有了事半功倍的效果。

（六）迁移规律在体育教学中的运用

迁移规律客观存在于体育教学中，为正确认识迁移规律对体育教学的影响，提高教学质量，本书对体育教学中的迁移规律进行了简要的分析，对迁移规律在体育教学中的应用进行了探讨，并对应注意的问题提出建议。

1. 迁移规律在指定学年或学期计划时的运用

指定学年或学期计划时，除了贯彻教学大纲的要求外，还要注意教材分布的纵横关系。在教材的纵横关系中要考虑迁移的问题。纵的教材关系如进行标枪教学时，先教原地投掷，再教上步投掷，最后教助跑投掷。因为上步投掷和助跑投掷最后的用力到出手这些动作的基本环节和原地投掷的相同，所以教后两种投掷时只需把上步或助跑的技术与原地投掷技术连贯起来就行；在学习与原有动作结构相似的新动作时，大脑皮质原已形成的基本环节或附属环节的运动条件反射即可作为新的动力定型的基础，只需补充一些基本环节或附属环节的运动条件反射，新的动力定型即可形成。因此，指定学年或学期计划时，应尽量在回忆旧知识的基础上引出新的知识技能，将具有共同因素的教材内容合理地安排在一起并贯串起来，这不仅使学生可以复习旧的技能，同时还使学生能更好地理解和掌握新的知识技能，使前面的学习作为后面学习的准备，后面的学习作为前面学习的发展。

另外，在指定学年或学期计划时，要避免运动技能之间的相互干扰。两种不同运动技能之间，动作主要环节不同，而细节部分相同，在学习时它们之间往往产生干扰。例如，掌握了单杠挂膝上，对学习单杠的骑上有干扰，这是因为前者要求屈膝，后者要求直腿，动作的主要环节不同，前者干扰后者。如果同时学习某两种技能，而且都没有达到熟练和巩固的程度，这两种技能就容易相互干扰，或者两种技能中有一种掌握得比另一种熟练，那么前者就容易对后者发生干扰，如学习了跳高起跳（单脚起跳）的技术动作后，对学习支撑跳跃起跳（单脚上板，双脚起跳）就可能产生不良影响。两种运动技能，结构相似，速度相反，其中某一技能已经相当熟练，要想形成另一种技能时，就感到很困难，甚至出现错觉，如短跑和长跑，两者动作结构虽然相同，但在动作反应速度上对神经系统呈现完全不同的要求，故产生干扰。

2. 迁移规律在教学中的应用

（1）讲解、示范中的比喻与启发

在教学中，教师采用生动形象的教学语言，不仅能够启发学生积极思考和想象，还能使学生加深对教材内容的理解。例如，学习前、后滚翻技巧动作时，教师用球做比喻，启发学生要低头、团身、屈膝使身体接近圆球，才能像球那样进行前、后滚动，从而使学生心领神会，加深对动作要领的切身体验，加速对新技能的掌握。

（2）组织诱导性练习

①模仿练习的运用。根据相似的刺激物可以引起雷同反应的原理，组织适当的模拟练习促其产生正迁移，诱导学生逐步掌握技能。例如，在铅球教学中，先进行徒手原地正面推铅球动作的练习，再进行徒手原地准备姿势（蹬、转、挺、推、拔）的最后用力的练习，最后进行滑步推球的模仿练习，对诱导学生逐步掌握正确的推铅球技术有帮助。其生理机制就是，通过模仿产生迁移，诱导学生学会并掌握技能。

②分解练习的运用。为简化动作的掌握过程，教学中常常把完整的动作合理地分成几个部分，然后按部分逐次地练习，最后完整地掌握。例如，在进行排球正面上手传球教学时，可先进行传球手形的练习，其次进行正确击球点的练习，再次进行蹬伸迎拔协调用力动作的练习，最后将以上三种练习串联起来，就会使学生完整地掌握正面上手传球的动作要领。每一个分解练习都对大脑皮层产生了痕迹效应。如果学生能正确、熟练地掌握每一个分解练习，则分解练习过程中产生的迁移就能使学生获得良好的学习效果。

③辅助性练习的运用。辅助性练习指为发展某种动作所需的身体素质的练习。体育教学中，为使学生更快、更好地学会某项技能，而选用一些辅助练习来发展该项技能所需要的身体素质，确实有利于素质和技能迁移。例如，在推铅球教学中，为提高铅球出手的初速度，必须增大学生推球的力量，因此，常常选用一些发展臂力、腕力、指力的练习，诸如俯卧撑、俯卧撑推手、俯卧撑击掌等，以发展掌握技能所需的力量素质。

（3）充分利用学生已有的知识、经验促进学习的迁移

我们提倡选择生活中较为熟悉的动作，给学生以生动、形象的诱导。由于学生对这些动作、姿势印象比较深刻，因而容易接受和体验，如学习前滚翻时，教师可以用“篮球滚动”来启发学生；要求跳远起跳时腿快速蹬离地面，可用“赤脚踩在滚烫的铁板上”的比喻来提示。语言要简练、准确，便于学生回忆，指导自己练习。

可见，迁移总是以先前的知识、经验为前提的。有关的知识技能掌握越多，越容易举一反三、触类旁通。

（4）帮助学生建立良好的心理状态，促进技能的迁移

针对不同学生的不同气质类型进行心理疗法，好胜心强的同学可用“激将法”，性格内向的学生则多运用心理暗示，使他们产生强烈的学习欲望，从而有利于加快运动技能的迁移和巩固。因此，教师在整个教学过程中都应帮助学生形成有利的和消除不利的心理状态。

总之，迁移是体育教学中普遍存在的规律，每一位体育教育工作者都应自觉地认识和合理地运用迁移规律，使学生在学习动作时收到事半功倍的效果，从而提高教学质量。

第四节　体育教学的结构和原理

一、体育教学的结构

（一）体育教学结构模式

体育教学活动存在于一定时间流程与空间形态中。时间流程，主要表现在教学方法安排顺序上；空间形态，主要表现在教学组织形式上。而教学结构是实现教学目标、实施教学内容、贯串教学方法和教学组织方式的保证。课堂教学结构是目标、内容、组织教法之间联系的纽带，因此，教学结构模式的设计历来都是教学研究的一个重要课题。

下面对我国高校体育的课堂教学结构进行分析，以教师主导、学生主体的教学思想为指导设计课堂教学结构模式，旨在分享丰富的体育课堂教学结构。

1. 当前我国体育课堂教学结构尚存在的主要问题

目前我国体育教学中，以运动技术、技能为主要内容，体育教学是需要完

成多个教学目的的综合课，大多数教师也都习惯于以传统的“综合课”去上课，每堂课都是由组织教学、复习巩固、讲授新知、巩固新知、布置练习等部分组成的。这样的结构看似完整规范，但也存在以下弊端。

（1）以知识为中心的教学结构跟不上教学目的的发展进程。从传统课堂教学结构上分析，形成的是以传授运动技术、技能为中心“为教技术而教技术”的知识中心教学结构。然而教学目的应该为“个性和谐发展”，且这个教学目的在不断扩充和发展。而目前的体育教学的以知识为中心的教学结构，远未跟上教学目的的发展进程。

（2）以“教”为中心的课堂教学结构忽视了学生学习的主体性。体育课堂教学大多采用“分解教学—练习—分解教学—练习—完整教学”的递进式教学结构，缺乏对运动的整体感知，缺乏对学生已有的运动技能和新运动学习的“矛盾”的设计，忽视了学生认识活动的心理过程，没有反映出学生学习的规律和主体性，教学偏重于教。

2. 新型体育课堂教学结构模式

新型体育课堂教学结构模式主要的构成因素为完整的课堂教学论结构、灵活多变的教学法结构和有序递进的心理逻辑结构。

（1）教学论结构。体育教学论是研究和说明体育教学的现象、基本因素、本质以及内在规律的一门科学。教学论结构反映了学科内容、教学逻辑和包含特殊认识过程的课的三个基本阶段，是组织课的一般指令、一般做法。

（2）教学法结构。教学法结构是组织一节课的总指令和总算法，是紧密联系的统一体，但又是相对稳定的。教学法的实施顺序和方式可以经常变化，并可以通过某种教学方法的展开而具体化。如情境和问题教学法，课的开始阶段是通过创立问题情境或提出假说等方式引入新的知识的，在解决问题或论证假说的过程中附带现实化，也可能以检查或复习上次课所学习的知识等方式引入新的知识，具体采用哪一种方式视课堂教学目标和教师灵活运用的教学方法体系而定。

教学法结构的因素就是教师的“教”和学生的“学”所构成的各种活动种类，如讲述、模仿、练习、巩固等，是教学的具体体现，“教”与“学”的可变性为教师创造性和教学法技巧的提升提供了空间。

教学组织形式也是其中重要的因素。“分”与“合”，分小组教学与班级教学相协调，即采用“班级教学—小组教学—班级教学”组织形式。首先班级教学，集体同授的主要目的是让学生对整体知识进行感知，营造群体学习心理氛围和为后续的小组教学做准备。再小组教学，分解教学采用小组教学，主要体现在学习新技能的阶段。最后班级教学，这里的“合”，是反馈教学情况，通过讲评小结，提示重点难点，将知识条理化、结构化的整合过程，教师对于“合”中反馈的问题，进行教学回授和纠正。“合—分—合”的操作，既可单轮分合也可多轮分合，其轮次取决于教材、教学需要及教师的教学控制能力。

（3）心理逻辑结构。心理逻辑结构是连接教学论结构和教学法结构的纽带。掌握知识的过程总是从对事实、事件、规则等的“感知”和“意识”开始的，教师可先通过比较、对比、解释等引导学生对新知识进行“理解”和“领会”，最终将新知识“概括”地融入学生以前掌握的知识体系中。心理逻辑结构只能通过教学法来表现，如“复现”通过提问、练习等表现出来；“理解”通过正确的回答、分析运动结构、技术正误判断和正确运用（技术、原理、规则）等表现出来；“概括”通过能够正确组合知识的结构，正确地确定新知识在已掌握的知识体系中的地位等表现出来。

授课还以内部结构中是否包括探索性活动步骤而分为两种，一种是复现性掌握的课（非问题性教学的课），另一种是创造性掌握的课（问题性教学的课）。

由上述可见，在学校体育课堂教学的结构模式中，保证外部教学法结构与内部心理逻辑结构的最优组合，是成功设计一堂课的关键，是课堂教学结构的灵魂。

3. 新型课堂教学结构模式所具有的功能

（1）新型课堂教学结构模式体现了教学过程的矛盾和矛盾的发展过程。从课堂教学结构模式的整体结构上分析，“再现已知的知识，在新情况下理解原有知识”和“建立问题情境，提出问题”，形成学生已有能力和知识水平与新授知识之间的矛盾；“感知新教材，思考理解”和“提出设想和假说”，形成解决教学矛盾的过程；“概括、运用”和“检查解决问题的正确性”解决矛盾。教学矛盾贯穿整个课堂教学结构，并成为引导和带动整个课堂教学过程的动力。教学开始阶段的“教”处于矛盾主要方面，而“学”是次要方面，教师的主导作用使教学的主要矛盾由“教”转化为“学”，最终使学生成为占支配地位的教学主体。

（2）新型课堂教学结构模式突出体现了学生的主体性。课堂教学结构模式的“完整教学—分解教学—完整教学”有利于学生的运动体验和对运动的整体感知，是引导激发学生主体积极性的重要结构；“班级教学—小组教学—班级教学”发挥了学生主体能动性和小集体思维的小组教学作用，适用于学生的需要、兴趣、爱好、能力和发展潜能，有利于实现学生个性充分和谐地发展。

（二）体育教学的结构生成及其社会功能

体育教学是一个复杂而有规律的系统，由多层要素组成，在推进体育教学的改革和优化过程中，对其进行教学结构分析，能全方位加深对体育教学的认识，同时能加深对体育教学社会功能的认识。

1. 体育教学的结构生成

体育教学是由多种要素构成的，如教师、学生、课程、教材、教学方式、教学反馈等。

其中，教师和学生是体育教学结构的基本要素，另外，体育教学要以实现体育课程为目标，以教材和体育器材为载体，是在一定的场地环境下进行的系统性教学。

体育教学是团体教育，更是终身教育，也是情感交流和身体发展同时进行的教育。因此体育教学结构的生成应当融合个人认知、情感交流和身体的全面发展。

（1）个人认知。一般来说，学校教育在个人认知方面的主要表现形式有以下三种。一是概念性认知，即通过语言等形式形成对外界概念性的理解。二是形象认知，即通过一定的形象或者对某个形象的想象形成对外界的认知。三是运动性认知，即通过身体与外界的接触形成的认知。

体育教学属于运动型认知，从而确立了体育教学在教学体系中的地位。

另外，在体育学习中，学生首先通过语言和文字了解基本体育知识，然后通过示范对体育动作有所了解，最后通过身体对体育运动产生认知。

（2）情感交流。体育教学能使学生在运动和竞技中不断地发现自我、完善自我。因此创造良好的情感交流环境，也是体育教学结构中的一个重要组成部分。情感交流能激发学生学习体育的兴趣，满足学生的表现欲。

（3）身体的全面发展。体育教学是直接通过身体对世界产生认知的。其教学目的首要的一点就是促进学生的全面发展。首先，通过多种方式进行体育锻炼，培养学生健壮的体格。其次，建立正确的体育意识，培养学生的意志力和竞技精神。

2. 体育教学的社会功能

（1）构成学校整体社会功能的一部分。体育教学是学校教学的一个重要组成部分，因此它的社会功能包含在学校教学的社会功能中。学校教育的直接作用是帮助受教育者成为一个独立完整的人，形成个人的“文化形成”。而受教育者的“文化形成”也是把他归属到社会群体中的一个重要考核标准，并且促使受教育者本人在社会中发挥不同作用。

受教育者的“文化形成”是由接受各个学科知识的传授形成的一个整体系统，因此体育教学的社会作用是帮助学生形成自身的“体育文化形成”。

另外，人类社会的不断发展中也形成了多种多样的文化，体育文化就是其中之一。而体育教学正是对人类社会体育文化的传承。

（2）提高学生适应社会和自然环境的身体素质，提升全面素质。体育教学的目标是强身健体、增强体质、锻炼意志。学校的体育教学通过多种方式和教学手段来实现这些目标。学生在体育教学中可实现体育能力和身体素质的提升，在体育教学中打下的身体基础，有助于提高学生适应社会环境和自然环境的能力，这也是人生存的基本能力之一。

人是社会的组成部分之一，个人身体素质的提升，是全民身体素质提升的基础。

（3）提升人际关系等社会交际功能。人际交往是社会活动中必不可少的一部分，也是个人适应社会的一种必备能力，在社会发展中起着信息交流、情感沟通的重要作用。体育教学在帮助学生锻炼身体、增强体质的同时，也在强化着学生与他人沟通的能力。首先是学生和教师的沟通和互动，其次是学生之间的互动，另外，体育教学能促进个人对团体或者集体的社会需求心理的形成。

（4）促进心理健康发展。体育运动能调节人的心理，缓解现代社会所带来的种种生活压力，在提高人身体素质的同时，促进人的心理健康发展。体育教学能对学生的心理状态产生积极影响。体育运动在使人的身体得到锻炼和舒展的同时，也会对人的心理产生极大影响。适当的体育运动，能化解人心理的孤独和悲伤，激发人的积极性和主动性。学校体育教学在学生性格养成中也扮演着重要作用。根据相关调查研究，体育教学能帮助学生养成积极、乐观的性格，增强学生的自信心和意志力。

综上所述，体育教学是一个完整的教学体统，其内部构成要素和结构之间的关系直接影响体育教学的效果，能够促使学生获得身体、心理和精神上的满足，体验情感交流的快乐，并且能够促使学生形成体育文化修养，养成终身体育的意识。体育教学不仅注重“体”，更注重“心”，体育教师应让学生在体育教学中认识体育运动的本质，从而建立正确的体育意识。

二、体育教学的原理

体育教学原理简单来说就是进行体育学习或者教学的时候的一些规律，是学生在学习体育技能的时候客观存在的一些规律，与动作的难易程度、性质，学生自身的一些条件、努力的程度，教师的教学水平以及设备和气候有着直接的关系。

（一）学习运动技能的规律

现在通过对运动技能的一些学习规律的研究，发现得到认可的研究成果主要有以下两种，首先是整体结构理论，在进行技能学习的时候主要分成认知阶段、联结阶段以及自动化阶段；其次是联结理论，在学习技能的时候主要分成了三个各具特点却又相互联系着的阶段，也就是局部动作掌握的阶段、整个动作能够初步掌握的阶段以及对动作进行完善和协调的阶段。

（二）运动技能教学在会能度的基础上的教学规律

在进行体育教学的时候，教学规律有一定的共性，但是由于项目的不同，教学方法和时间的安排都会有一定的不同，这也是教学的个性，此处便是针对其个性进行了分析，探讨了和会能度有关的教学规律。

1. 教学时数和运动技能会能度分类之间的关系

（1）会与不会区别比较明显的运动技能。在教学的时候，蛙泳和独轮车这两项运动会与不会之间区别比较明显，并且根据调查显示，蛙泳需要十二个学时才能够学会，而独轮车的直线骑行则需要十个学时。用时比较长的主要原因则是运动的复杂程度较高，蛙泳和独轮车都是比较难的运动项目，在对这种项目进行教学的时候应该安排的时间长一些。

（2）中间型的一些完整运动技能。这些运动技能不很复杂，但是包含的一些元素比较多，与学生的日常生活有一定的关系。这种技能由于包含了多元动作和单一动作两种，所以在教学安排的时候应该根据实际的情况进行时间选择。单一动作可以安排小单元或者中单元的教学，而那些多元动作则应该根据实际的情况安排大单元或者中单元的教学。

（3）会或者不会区别比较小的运动技能。这一类技能包含的动作和元素都比较少，并且也很简单，与我们的日常生活联系紧密。所以在教学的时候难度比较低，学生稍微一学习甚至是不学习都能很好地掌握，这一类运动在教学中，可以安排很少的时间进行练习。

2. 教学方法和运动技能会能度之间的关系

（1）采取分解教学法进行教学，将运动的完整技能分成几个小的部分，一段段地进行动作教学。分解法主要包括的类型便是简化法、部分法、分割法。

对于那些会或者不会区别非常明显的运动技能，采取分解法教学能够把整个运动简化，根据其复杂性的特点可以通过掌握运动的部分来进行整体的掌握。由于运动技能有一定的组织性，构成部分之间有一定的联系，特别是先后顺序，并且动作的重复性比较低，这也给分解教学提供了方便。会和不会区别比较明显的运动本身比较复杂，技能自身空间组织性是有一定区别的，如进行篮球的跳投，其空间组织性比较高，在进行教学的时候，不能够采用分割法，而应采用简化法，在保证动作完整的基础上，降低其难度。

对于那些中间型的运动技能，也能够采取分解法进行教学，这一类运动本身具有一定复杂性，但是这一类运动对时间和空间的要求比较低。

（2）完整教学法的运用。这种教学方法指整个动作一次性教完，对于那些比较简单并且组织性比较高的运动比较适用。

中间型中的分立运动自身的复杂性比较低，包含的元素比较少，还有一些中间型的运动自身对于时间和空间的要求很高，不能进行分解，所以可以采取完整教学法进行教学。

那些会或者不会不存在区别的技能，其包含的元素比较少，并且对空间时间的要求比较高，不能够进行分解，可以采取完整教学法来开展教学。

（3）教学步骤和运动技能会能度分类之间的关系。进行体育教学的时候，教学步骤应该是比较清晰的，教师必须明确每个步骤之间的联系，对于那些比较难的运动技能，教师可以先进行分解，学生掌握了部分之后，再采用完整教学法，让其将每个步骤联系在一起。

研究运动技能教学对于体育教学的主要意义在于，把握体育教学中的规律，让学生更好地掌握好每个动作。教师也可以通过体育教学得出更多的经验，更好地进行体育教学。

第二章　我国体育教学内容现状和发展特征

第一节　体育教学内容的概念和基本理论

一、如何确定体育教学内容

体育与健康课是以身体练习为主要手段，以学习体育与健康知识、技能和方法为主要内容，以增进学生健康，培养学生终身体育为目的的一门学科。正确地选择体育教学内容，对于完成课程目标，促进学生健康、快乐成长意义重大。

学校选择体育教学内容的具体方法有以下几个。

（一）教研组研讨决定

在选择体育教学内容时，同一年级组教师或体育教研组全体教师，以教研活动的形式来讨论体育教学内容。尤其是在每周的集体备课活动中，要做好这项工作。同时要做好校本教研和校本课程开发工作，以期使体育教学内容更适合本校本年级的实际。

（二）根据各年级学生的特点

在进行体育教学时，我们要根据授课对象来确定教学内容，年级较高体质较好的学生可以选择动作难度较大的内容，而低年级学生则应选择难度和活动量稍小的内容。选择教学内容要考虑学生实际，各个地区的学生身体素质不同，就是同一个学校不同年级、不同班级的学生的身体素质也不相同，笔者一学期要给五个班级上课，这五个班级的学生整体素质就不太一样，我就根据各班的实际情况来确定教学内容，同样的教学内容，如学健美操，一课时的内容，有的班一节课学生就掌握了，下节课复习复习就可以做游戏了；有的班级两节课学生还掌握不好，就只能让他们多学几节课，这些班就只能少做游戏了。

（三）选择内容要符合学生的生理和心理特点

男生和女生不同，要根据性别进行教学，男生喜欢比较刺激、比较酷的运动，而女生比较喜欢有韵律性的舞蹈、健美操等运动。所以课上学完必学的知识后要让男女生分组进行他们各自喜欢的活动。让学生在“玩中学”才能使他们真正地爱上体育课。

（四）选择内容要依据课程标准和学生实际情况

1. 依据课程标准的要求来选择教学内容

课程标准是我们实施体育与健康课程的纲领性文件，我们选择的教学内容必须符合课程标准的要求；课程标准规定了各年级各学期的教学内容，我们在确定教学内容的时候应以课程标准为基础。尤其是课程标准中必修必选内容，在体育教学的各个学期都应作为重点教学内容来安排课时。

2. 根据学生实际情况来确定教学内容

教师不仅要根据学生的能力水平确定教学内容还要从学生的兴趣出发来选择教学内容。体育教学内容要和学生的能力水平相当，如果体育教学内容与学生的能力水平脱钩，那就成了教师的独角戏。试想一下，在基本体操的教学中，如果脱离实际地安排空翻等高难度动作，去让我们的小学生去学习，那后果是不堪设想的。在选择体育教学内容的时候，还要根据学生的兴趣来进行，这一点在高年级显得尤其重要。笔者所在学校每学年制订教学计划时，会依据课程标准和学校的场地器材情况，选定一批运动项目，还会对学生进行问卷调查，学生的意见也是学校选择教学内容的依据之一。

笔者所在学校在每学期初始的两周内，都会把队列队形练习当成体育与健康课的主要内容之一，平时每节课的开始也会让学生练上一遍。每学期学校都会搞一次全校规模的队列队形、课间操比赛。

教师可以选择一些新兴项目、贴近学生生活的项目，还要考虑一些地域性较强的项目。例如，笔者课上会给学生自由游戏的时间，学生会玩自己喜欢的游戏，有的学生投沙包，有的学生“跳房子”、跳皮筋，有的学生玩“黄河、长江”的游戏……

（五）根据学校具体情况来确定教学内容

笔者所在学校每年在全县“三球”比赛中篮球成绩都是前几名，学生打篮球的热情很高，学校在安排体育教学内容时就适当地增加了篮球的教学学时，以促进学校优势项目的发展。

场地器材一直是制约体育教学发展和改革的瓶颈，虽然在有些情况下，教师可以自制和开发器材，但大多数情况下，场地和器材的困难是不能被忽视的。所以在确定体育教学的内容时教师要尽可能地在现有场地器材的基础上进行。

在日常教学活动中，有时候会遇到学校开展运动会或小型比赛等活动，在学校进行这些活动之前体育教师要根据学校开展的比赛项目来适当地暂时增加一些教学内容。

二、体育教学内容选择的依据和原则

虽然教育界对教学方法的研究由来已久，但由于受陈旧教育观念的影响，加上教师实施教学方法的“惯性”，实际教学过程中一直存在着教学方法与人才培养的不相符性。体育教学方法的选择不能随心所欲，不同体育教师选择体育教学方法的依据和原则也各不相同，即便是同一个教师在不同时期、不同教学阶段也会有所不同。怎么选择适宜的体育教学内容，促使学生达成水平阶段的学习目标，是一线体育教师一直在探索的问题。下面笔者对体育教学内容选择的依据和原则进行了分析。

（一）选择体育课教学内容的依据

1. 符合运动技能形成规律

体育教学要让学生学会和掌握一定的运动技能，运动技能的形成要经历从不会到会、从不熟练到熟练的过程，运动技能形成提高的过程可以分为粗略掌握动作、改进与提高动作、动作的巩固与运用自如三个阶段。

从心理因素上分析，在粗略掌握动作阶段，新颖的教学内容和训练方法，都容易刺激学生的学习兴趣，学生的注意力较为集中，学习效果比较明显；而到了改进与提高动作阶段，练习内容、方法手段多是重复的，课堂直接感知的学习效果减少了，这样学生会产生单调、枯燥等感觉，形成了较为消极的情绪。教师要认真分析学生学习技术动作时存在的主客观因素，把握运动技能的形成规律，有的放矢，达到事半功倍的效果。

2. 符合学生的身心发展规律

美国动作发展学家经过长时间的研究，从发展的观点厘清了影响人类活动发展的六大因素：动作的质量、动作发展的顺序、动作的积累、动作的发展方向、动作的多元素和动作发展的个体差异。这个研究结果证明人类动作发展的顺序是具有相当高的预见性的，例如，学生在小学初阶段适合发展柔韧性、灵敏性、协调性和平衡能力，到了青春发育期，就可以适当发展有氧耐力、速度、肌肉力量等素质。只有充分了解学生在各阶段身心发展的规律，才能科学合理地选择体育教学内容，为有效地开展体育教学提供保障。

（二）选择体育课教学内容的原则

1. 教育性原则

教育性原则即要选择教育意义最强的、最健康的、最正面的、最有利于良好精神与行为培养的教学内容之要求。所选择的教学内容要符合“健康第一”的指导思想。体育与健康课定义为，以身体练习为主要手段，以增进学生健康为主要目的的必修课程。因此，选择的内容要有利于促进学生的全面发展，满足学生的运动兴趣和爱好。

2. 健身性原则

健身性原则即要选择健身价值最高的、锻炼最全面的、最符合学生身体发展需要的、最符合他们年龄特点的教学内容之要求。要求所选择的教学内容对于促进学生的身心健康一定要切实有效，既要发展体能又要增强体质。要杜绝那种不出力、不流汗的“休闲课”和只顾学生一味开心而将竞技体育拒之千里的“娱乐课”。

3. 乐趣性原则

乐趣性原则即要选择学生最感兴趣的、体现项目乐趣特征最明显的、学生体验乐趣和成功比较容易的教学内容之要求。兴趣是学生最好的老师，因此在选择体育教学内容时要分析学生的学情，不同地区的学校，对体育教学内容有不同喜好。教师必须考虑教学内容选择的乐趣性原则，让学生“乐学”才能事半功倍。

4. 文化性原则

文化性原则即要选择与当地终身体育活动最有关联性的、最能反映地区文化特色和民族体育特色的教学内容之要求。所选的教学内容应与当地的体育传统和文化相结合。我国幅员辽阔，各地经济、学生体质差异较大，教学内容可以与本地区和本民族的体育传统项目相结合。这样，既可以让学生了解我国民族传统文化，增强学生的民族自豪感，又可以激发和保持学生参与体育运动的兴趣。

5. 可行性原则

可行性原则即要选择与学校体育场地、器材、师资等条件最为贴近的教学内容之要求。选择的教学内容要符合学校的实际教学条件。由于我国地大人多，各地、各校办学条件差异很大，很多边远地区办学条件较差，没有足够的经费建设场地和购买体育器材。因此，在选择体育教学内容时应尽量考虑其可行性。

三、我国学校体育教学内容体系

（一）我国学校体育教学内容选择标准

2002 年新版《全国普通高等学校体育课程教学指导纲要》指出，高校体育课程内容选择的主要原则是健身性与文化性相结合、选择性与实效性相结合、科学性与可接受性相结合、民族性与世界性相结合。2014 年《高等学校体育工作基本标准》明确指出：高校开设不少于 15 门的体育项目；每节体育课要保证一定的运动强度，其中提高学生心肺功能的锻炼内容不得少于 30%；要将反映学生心肺功能的素质锻炼项目作为考试内容，考试分数的权重不得少于 30%；将课外体育活动纳入学校体育教学计划，面向全体学生设置多样化、可选择、有实效的锻炼项目，组织学生每周至少参加 3 次课外体育锻炼，切实保证学生每天 1h 体育活动时间。

（二）我国学校体育教学内容实施现状

1. 中小学体育教学内容

中小学体育与健康课程相关标准提出的“目标统领内容”原则并没有对具体的教学内容做出明确的要求，各省市地区学校的体育教学内容均有不同，但是主要有以下 8 种。

（1）游戏类项目。此类内容主要集中在小学和部分初中，高中基本没有。内容主要包括老鹰捉小鸡、贴烧饼、小马过河、跳皮筋、命中目标、高手投球、套圈、抛铁环、抢椅子、叠纸游戏、呼啦圈、体操棒游戏、接力赛跑、传递实心球、2 人 3 足、双人牵绳或持杆跑、跳高擂台、青蛙部队、超级表演秀、投沙包、背夹球跑、投篮比赛、掰手腕、换位接力、花样踢毽与跳绳等。

（2）田径类项目。它主要包括走、跑、跳跃、投掷。走的内容有合作走、自然走、平衡走、侧身走、蹲走、高低重心走等；跑的内容有起跑、途中跑、往返跑、短距离快速跑、直线跑、后退跑、障碍跑、曲线跑、高抬腿跑、加速跑、50m ~ 1 500m竞赛项目跑、耐力跑等；跳跃的内容有各类起跳、立定跳远、跨步跳、单腿跳、连续前进跳、蛙跳、跨越式和背越式跳高等；投掷的内容有上下抛接、侧向投掷、扔飞盘、双手滚投抛实心球、双人多人抛接、多种姿势的抛投、掷准、投铅球、投垒球等。

（3）球类项目。它主要包括三大球及乒乓球、羽毛球等项目。篮球的内容有持球与拍球、运球、传球、投篮、战术配合训练、教学比赛等；排球的内容有垫球、传球、垫传球配合、发球、扣球、拦网、战术配合训练、教学比赛等；足球的内容有带球走跑、运球、接传球、抢断、传球和攻门、头球、战术配合训练、教学比赛等；乒乓球的内容有颠球、握拍、推挡、发球、正反手攻球、削球、拉搓球、对打训练、单人或双人教学比赛等；羽毛球的内容有颠球、握拍、发球、高远球、单人连续高位击球、挑高球、对打训练、步法训练、教学比赛等。

（4）武术民传类项目。它主要包括武术、散打、民族传统体育项目。武术的内容有武术基本手型、拳法、掌法、腿法、步法、简单长拳动作组合、五步拳、五禽戏、八段锦、8式和24式太极拳、初级剑、创意表演武术套路、健身短棍、攻防对练等；散打的内容主要有拳法、腿法、摔法、防守技术等；民族传统体育项目的内容有踢毽子、花样跳绳、打陀螺、滚铁环、叠罗汉、拔河、竹竿舞等。

（5）体操类项目。它主要包括队列队形、徒手体操、器械体操、韵律体操、现代操（舞）。队列队形的内容有看齐、报数、立正、稍息、原地转、原地和运动中各类队形变化、走跑立定、解散集合等；徒手体操的内容有广播操、拍手操、双人操、集体舞等；器械体操的内容有棍棒操、绳操、球操、呼啦圈操、单杠、双杠、山羊、跳马、平衡木等；韵律体操的内容有形体操、艺术体操；现代操（舞）的内容有健美操、街舞、啦啦操、踏板操、杠铃操等。

（6）素质类项目。它主要包括力量训练、速度训练、柔韧训练、灵敏训练和耐力训练。力量训练的内容有仰卧起坐、仰卧举腿、立卧撑、单杠斜拉、单杠引体向上、俯卧撑、收腹跳、深蹲、握力等；速度训练的内容有跪走、往返跑、速度位移、短程跑等；柔韧训练的内容有坐位和立位体前屈、体侧屈、踢腿、横叉、纵叉、两头翘、下腰成桥等；灵敏训练内容有走平衡木、敏捷梯等；耐力训练内容有定时跑、定距跑、发展有氧耐力等。

（7）体育与健康专业知识。体育知识内容主要包括体育课堂常规、正确的身体姿态、体育和奥运历史、野外运动知识与防护、科学锻炼身体的方法、运动前中后身体反应与应对措施、体育项目如三大球等的专业知识、体育竞赛文明与安全、生长发育与体育运动、科学测量运动负荷与强度的方法等；健康知识内容主要包括体育与情绪的调控、体育与意志道德培养、合理饮食与适当运动对身体和心理健康的影响、运动安全与卫生、人体部位知识、运动损伤防护与处理等。

（8）新兴时尚类项目。它主要包括游泳、轮滑、攀岩、滑冰、越野等项目，相比较而言游泳项目开展稍多，其主要内容有水上安全防护、水中自救技巧、蛙泳、自由泳等。其他项目包括轮滑、攀岩、越野、滑冰等新兴时尚类项目只有少数经济较为发达地区的重点学校、传统项目学校在高中以专项选修课的形式开展，需要相应的教师资源、场馆设备来支撑。

（三）高校体育教学内容

高校以新《全国普通高等学校体育课程教学指导纲要》和《高等学校体育工作基本标准》为依据，加强特色体育模式的构建。体育教学以体育专项必修课和选修课形式进行，实行课内外一体化教学模式。体育项目开设的数量依据各校的教师和场馆资源确定，主要项目有三大球、乒乓球、羽毛球、网球、田径、游泳、健美操、武术、散打、太极拳、跆拳道、形体、体操、瑜伽、街舞、体育舞蹈、轮滑、拓展训练、定向越野、健身健美、身体素质、保健体育、击剑、空手道、棒垒球、高尔夫球、木球、板球、啦啦操等，田径、体操等传统项目只在个别学校开设，其主要内容中融入其他专项课程内容作为素质训练的手段。除了专项技战术和理论外，身体素质和体能训练成为体育课程的重要内容。身体素质和体能训练包括耐力长跑、力量和耐力训练、柔韧和灵敏素质训练等。

（四）我国学校体育教学内容特征分析

1. 国家标准指导下的教学内容体系趋于完善

2011 年版《义务教育体育与健康课程标准》较好地吸取了实验版《义务教育体育与健康课程标准》的经验与教训，秉承继承与发展的理念，本着处理好“传统与现代”“本土与国际”关系的原则，提出明确的目标体系，构建了目标引领下的大中小学一体化、衔接性较强的内容体系，对课程内容标准既有明确的要求，也有适宜的案例，更有弹性的可选择空间。

2. 区域发展不平衡下教学内容选择出现分化

区域发展不平衡严重影响了体育教学内容的选择。当前背景下教育资源优越的区域仍然集中在经济发展较好的地区，同一地区的不同学校差异也很明显。丰富的教学内容选择需要较好的教师资源和场地设施器材，需要良好的教学环境、学习环境和研究环境。全国大部分地区和学校的教学内容仍然集中以田径、三大球、武术、体操、游戏为主，两小球、体育理论和游泳为辅，至于新兴时尚项目，只在少数地区的学校开展。

3. 大、中、小学融合性差，教学内容缺乏有效衔接

虽然学校体育教学内容的衔接性在课程标准中得到了较好的体现，然而实际操作层面，目前仍然由于教师水平、教学资源及教育体制等原因难以实现大、中、小学教学内容的有效衔接与融合。当前很多学校的教师仍然秉承经验主义理念，按照传统三段式教学法、竞技体育教学模式教学。大多数田径项目都属于重复学习内容，从水平一到水平四乃至高中、大学，学生都在学习蹲踞式起跑、立定跳远、折返跑，技巧中的前滚翻更是“一滚到底”。

4. 现有教育机制和学情下教学效果不尽如人意

目前我国学校体育存在运动风险保障缺乏、传统教育影响犹存、教师少学生多、教学资源失衡、学校体育被边缘化等现实情况，体育教师容易产生怠倦心理，致使无论是课的结构、教学内容，还是教学方法和手段的应用，从小学到大学都是千篇一律，创新少、模仿多，应付多、投入少。很多学生认为体育课要么就是集合跑步、做游戏、自由活动，要么就是身体素质训练应对升学考试，放羊式教学和应试教学成为主流。

（五）我国学校体育教学内容改革建议

1. 加强体育教学内容设计研究

体育教学内容设计是课程设计的重要组成部分，涉及目标引领下不同学段、不同学年、不同学期课程单元教学内容的选择，关乎教学内容采取何种结构、方法、模式才能达到预期目标。教学内容设计依靠人体生长发育规律、运动技能学习规律、身体动作发展规律和素质发展敏感期规律四大理论，更需要考虑教学对象的生理和心理特点，男、女生数量和性别差异、教学环境和硬件差异、体育教师资源差异等。

2. 严格把关地方和学校教学计划

课程标准只是宏观指导意见，要想实现大、中、小学体育教学内容的合理设置，并有效融合与衔接，重要的是把地方教学计划的制订和学校课程教学管理相结合。体育教学内容的选择与设计主要体现在教学计划上，地方教学计划需在课程标准基础上根据采用的教材与地区资源制订，教学内容应具有指导性、可选择性和可衔接性。学校体育教学计划必须明确目标、内容和方法，应鼓励创新、坚持风格、形成特色、建立品牌。

3. 研究各学段体育与健康教材

学段体育与健康教材不仅需要考虑人体生长发育规律、运动技能学习规律等，还需要考虑青少年的专项运动水平以及身体运动基础。一本好的学段体育与健康教材的问世同样需要以实验为基础进行检验、修改与完善，这需要广大体育工作者在此等基础性研究中投入较多时间。

第二节　我国体育教学内容的现状

继新课程改革以来，我国的体育课程改革也在如火如荼地进行，为了让新课程改革的理念在全国迅速地得到贯彻执行，中国教育学会学校体育专业委员会定期举行全国性的体育课展示活动。在这些全国性体育课展示活动中，都会有不同的主题，我们可以从活动主题中看到体育教学的变化，其中有理念的变化，也有内容上的变化，例如，在教学设计和教学内容选择上，第二届活动上是这样要求的，即要做到“教学设计要科学”，第三届活动上则提出了“教学内容的选择要符合学生的身心特点与发展需要”，而第五届活动上又提出了“教学内容要以技能为主”，这些都对体育教学的发展方向进行了界定。本书对前五届展示教案进行了整理，发现教案内容与形式都发生了变化，而且，逐步变得科学与完整。例如，就从有整体教学设计的案例占该届展示课的比例来看，从第一届到第五届分别是 63%、81%、89%、100%、100%，从这个数据的不断变化上可以看出，教师在课的准备上从过去的只在教学方法与课堂组织上的研究，逐步转为课堂的整体教学设计。而从教学内容上来看，传统的教学只是对单个的教学内容进行分析，而如今，更为注重单元内容。这些都说明，教师对教学设计的系统认识在提高。但是现在，从教师的整体设计上还可以看出很多不足之处，下面就存在的不足进行分析与研究。

一、体育教学设计中“教学内容分析”的研究现状

（一）对于“教材”与“教学内容”的概念还存在混淆

教材从名字上来看可以简单地理解为教学材料，主要指的是“用什么教”的问题，也可以简单地理解为是教科书，教材里包含着教师本节课所教给学生的知识。而教学内容可以理解为“教什么”的问题，是以学生为中心，结合社会、课程对学生进行知识传授的。所以，可以看出教材是承载物，而内容是被承载物。在教学内容分析中，有不少的教师把教材也放入其中，把教学内容与教材混淆了。例如，对于多人多足竞跑这节课，有位教师在教材分析中写道，“据水平四的学生的特点，为了提高学生的速度、协调能力，这节课选择了多人多足竞跑为教材内容……”。在这个分析当中，没有体现这位教师要用“多人多足竞跑”这个教材内容教给学生些什么技术，而所提到的“发展学生的速度、协调能力”仅是这个教材所包含的知识。所以，我们要充分认识什么是教学内容，什么是教材，教学内容与教材是教学的两个重要因素，只有弄清楚了才能提高学生学习水平，才能提高教学效率。

（二）对于教学内容的分析中过多地集中于内容的特点、价值和功能

体育教学设计应该是以学生的发展与体育学科的运动技能为主要依据的，但是在新课程改革初期提出了“淡化技能”的教学理念，以后逐步得到了纠正。从第二届全国性体育课展示活动开始体育课的设计越来越注重教学技能的运用，但是，在对运动技术进行分析时，具有很大的局限性，都是围绕特点、价值和功能这三个方面展开的，范围较窄。具体来说，教师对教学内容的分析还处于对教材的分析上，例如，教师多数会说“为什么要在这个年龄阶段教这个内容”“此教学内容学生学习的基础是什么”。而真正地对教学内容进行分析的却没有，这种现象说明传统的教学思想还对教师的教学产生很深远的负面影响。例如，对于健美操，有教师这样分析：健美操是初中女生十分喜爱的一项体育运动项目，它不仅能塑身美体，而且不受场地限制……健美操有利于发展学生的身体协调性、灵敏性。这样的对教学内容的分析没有很好地体现这个项目与学生需要之间的关系，而是仅限于介绍了健美操这个项目的特点、价值和功能。

（三）对学生原来的学习水平分析不足

体育教学的主体是学生，所以，针对不同的学生，就会有不同的教学方法，

在教学内容的安排上也有所区别。所以，体育教师只有充分地了解学生、分析学生，才能根据学生的需要进行教学。从教师的展示课中可以看出教师更为注重单个内容的分析，而为什么要教则没有分析，对于这个内容的学习，学生原来的水平分析更是空白的。

二、我国大学体育教学内容的现状

大学体育是学生接受学校体育教学的最后阶段。在增强大学生身体素质的同时培养他们学习体育的兴趣，教育他们能够在毕业后的社会活动中始终坚持体育锻炼，即建立“终身体育”思想。

（1）掌握一定的社会体育知识与技能并灵活应用。体育教师应当让大学生在大学阶段掌握一定的社会体育知识，如社会体育指导与管理基础理论。这样，他们在毕业后就能从事一些体育活动组织管理、技术指导与健身咨询等方面的工作。在我国体育事业蓬勃发展的今天，大学生若能掌握这些社会体育知识与技能，就能够大大提高自己的就业率。

（2）重视“以德树人”。相比中学体育教学对学生体育精神的培养力度，大学体育教学的培养力度更大。高校体育教师应当通过强化学生学科核心素养、推行新的课程教学模式、课内外体育活动一体化、形成系统的联赛制度等途径，扎实推进“立德树人”体育教学目标。在实施过程中，体育教师有必要将思想政治教育融入体育教学实践中，提高“立德树人”的实效性。

（3）形成“终身体育”思想。大学生即将迈入社会，当他们投入紧张的社会生活之后，若没有“终身体育”思想便会轻易放弃体育运动，进而体质逐渐降低，影响生活质量。对此，高校体育教师应当将“终身体育”作为重要的教学目标，在教学过程中不断强化他们在体育活动中的参与意识、自我监督意识、自我欣赏意识与自我愉悦意识。高校体育教师应具备“终身体育”方面的科学知识与教学方法，以当代大学生身心发展特点与兴趣爱好为依据，不断研究大学生体育学习中的新问题，从根本上激发他们主动参与体育运动的兴趣。

“终身体育”是大学体育教学的重要目标，也是终极目标。高校体育教师在教学过程中应当紧紧围绕此目标来制订配套的教学方法、教学内容、教学模式与教学评价。若想实现这个目标，需要高校领导、体育教师与大学生个人的共同努力，更需要大学生家长以及社会公众的关注与支持。

从总体来看，我国大中小学体育教学目标是科学合理的，能够体现“以人为本”与“终身体育”的体育教学思想，能够提高绝大多数大中小学生的身体健康水平。但是，与国外体育强国相比，我国大中小学体育教学依然存在很多问题，这就需要我国大中小学领导与广大体育教师一起，积极开拓创新，不断优化体育教学目标，使其更加符合大中小学生的体育学习需要。

三、教学内容分析的策略

教学内容分析在新课程标准的落实中应引起我们足够的重视，下面以投掷项目为例进行阐述，以满足学生的学习需要。

（一）直接对教学内容进行分析

教学内容是一节课的核心，如果没有教学内容，那么，这节课就不能正常进行，也就没有了教学目标。教学内容是学生的学习对象，也是教学目标的载体。体育课程的性质决定了体育教学是以“体育与健康知识、技能和方法”为主要内容的。以投掷项目为例，在教学时，要对基本知识进行分析，如如何握持器械、如何助跑、如何最后用力以及身体的平衡等。投掷项目的这些知识是学生必须要了解与掌握的，对于学生的学习是不可缺少的内容，其组成了不同水平阶段的体育教学内容。所以，在进行投掷项目教学时，对基本知识与程序性知识进行分析是教学的需要。

（二）从各个水平段的运动技能要求角度进行分析

新课程标准将学习阶段划分为几个水平，其中，水平四是初中阶段，在每个水平中有不同的技术水平目标要求，新课程标准在各个水平目标上提出了“学生学完后将知道什么或会做什么”，教师在教学时，要根据本水平的目标分析学生要学什么，分析了学生要学什么才能确定教学内容。所以，教师在教学时，对教学内容进行分析是十分有必要的。新课程标准在体育教学方面明确规定了运动技能学习的顺序：先学单个动作，再学习组合动作，最后形成技能。

（三）从运动技能结构角度进行分析

一个运动项目具有一定的运动技能结构，不同项目一般具有不同的运动技能结构，但是，多个结构之间是相互联系的，如投掷项目（序列技能）中，有助跑（连续技能）、投掷出手（分立技能），也有投后的维持平衡（分立技能）等。在教学时，可以把投掷看作一个助跑、投掷和维持平衡的综合动作，其中的每一个分立技能都是不可少的，缺少了就不能构成一个完整的投掷动作，所以学生对整个动作进行学习时，不同的阶段要把注意力放在不同的点上，经过反复练习，每个分立的动作都掌握之后，就可以将其综合起来，形成最后的技能。

（四）从学生原有基础角度进行分析

体育教学不是简单地对学生进行技能教学，体育教师还是一个心理分析师，对学生的各个方面都要有所了解，例如，学生掌握技能的快慢，他们以前会什么，大致达到了什么程度，学生是不是具有一定的探索能力等。要知道，很多体育教师因为对学生了解不够，不能以学生为主体进行教学设计，更多的只是依照自己的经验或传统教材体系来确定教学内容。至于为什么要选择这个内容、每个班的学生有多少、男生多还是女生多、他们以前会什么等，教师很少会去了解，实证性的依据教师并没有掌握。依据动作发展规律对学生动作发展起始能力进行分析，既确定了学生的学习基础，也为教学内容分析找到了依据。例如，在投掷教学时，我们发现，学生年龄越大，他们的原有水平可能会越高，如初一“会”掷出，初二会侧向投掷，到了初三，可能会助跑投掷等。通过以上综合分析，教师对大部分学生的基础有了初步了解，就可以对不同年级的学生实施不同的教学策略。如在初中一年级教学的重点是“引臂”单个动作的学习，到了初中二年级，教学重点是原地投掷的学习，到了初三教学重点就是助走或助跑投掷的学习，做到上、下肢协调配合。教师只有对学生的学习基础进行分析，才能确定合适的教学内容，得到较好的教学效果。

第三节　对体育教学内容的一些初步认识

体育教学内容的建构必须充分考虑各阶段体育教学目标、学生的身心特点以及教学内容的递阶性。但目前我国体育教学内容设计普遍存在功能缺失、与教学目标相脱节、各年级教学内容衔接不当等问题。究其原因，主要是对体育知识属性及其传习方式理解上存在偏差，忽视了学习过程的渐进性，以及先前的学习经验是促使知识积累、能力发展、任务精通的必要条件。目前教育系统中体育教学模式的建构往往缺少了有关学习递阶性的思考，导致我国体育教学内容的建构正面临统一性与灵活性、趣味性与实践性、分层性与系统性等多项矛盾。如何在全面发展学生核心素养的课程改革浪潮中，使学生通过体育课程的学习，获得深度运动参与体验，其中尊重学生的情感发展需要，设计适性化的教学内容是关键。因此，探讨体育知识属性及其习得规律是精准建构教材、精准筛选教学内容和精准进行教学评估以及个性化教学的基础与前提，具有方法论意义。采用从本体论出发（本体论追溯于胡塞尔现象学还原的方法论，是一种超脱经验论对事物表象的研究），回到“事物本身”的研究方法。而运动文化的本真事物，就是“人体动作的显现与表达方式”。人体动作主要是通过动作单元、动作组合以及动作结构的序列性连接进行显现的，对人体动作的显现与表达方式的研究是探寻体育教学递阶性的重要源点，也是体育教学内容建构的重要基础。

一、领悟体育知识的基本属性

我国学校体育教学内容源于三大文化体系，从其内在结构来看，无论是德国体操与瑞典体操体系、英国竞技体育与娱乐体育体系，还是我国的民族传统体育体系，均是以“动作要素”的重组与建构为基础的。不同的社会文化背景成就了不同的教学内容体系，而动作要素的组合方式及其结构特征则是推进三大文化体系不断发展的重要因素。可见，运动技术的内在结构属性即不同动作要素所呈现的关系特征，对体育教学内容内在结构的探索是其逾越文化边际、重联教学要素的重要途径。

张洪潭认为，体育课是为传习知识而设的，体育课所传习的知识有别于以概念、判断、推理等思维形式和范畴体系表现自身存在的知识，通过运动表象这一重要环节方可形成，必须蓄有足够的本体感受，形成稳固的神经 - 肌肉连接通路，表现为人体相应骨骼肌肉运动的控制。显然，通过运动表象建构的认知过程是以身体为媒介，以感知觉等本体感受器为手段的身体认知过程，运动表象反应出的人体活动的特定程序具有相同的心理认知过程，理应划归为知识的范畴，即操作性知识。而具有不同运动形态的操作性知识指不同的运动技术，运动技术外显为可见的肌肉运动，依赖于人的大脑对认知信息的加工以进行人类运动经验的蓄积。这种运动经验蓄积的过程就是人的大脑信息加工的过程，遵守运动技术学习的内在规律，通过有效刺激神经系统，形成身体有关运动经验的“记忆痕迹”。这种“记忆痕迹”的获得必须蓄有适足的反复操练的本体感受，实现感觉向思维的认知过渡，“记忆痕迹”的留存是操作性知识独特的认知方式。因此，不同运动形式有其独特的认知方式，这种认知是具体的，来自身体与外界的互动，主要借助身体的运动经验以及与身体拥有不可分割的相互联系的特定的知觉和运动能力，共同组成了孕育推理、记忆、情绪、语言和其他所有心理活动的母体。

二、体育知识结构及其习得规律

体育知识，即操作性知识，从其通过运动表象反应为不同运动程序的基本特征来看，操作性知识就是运动技术的化称，然而，要想解析操作性知识的内在结构及其学习规律，就要理解运动技术的内在形成机理及其习得方式。动作是人体运动的最小单位，也是构成运动技术的关键。因此，人类动作的发展顺序制约着运动技术的形成与推演。

人类动作的发展具有递归性。递归性可近似地理解为层次性或有机性，表征为结构层次的递阶规律，是相同结构成分的重复或嵌套，从整体上揭示了层次结构组合的内在规律，在教育界中可理解为知识的蓄积与个人能力螺旋上升的自然规律。进言之，知识的蓄积通常伴有能力的增长，既然体育教学目标以传习操作性知识为主要任务，那么，对操作性知识的蓄积规律和过程的揭示，也自然成为对体育教学规律进行探索的重要切入点。体育教学中的操作性知识是不同运动技术的总称，而诸多运动技术由不同的动作基元构成，操作性知识的获得，指在教学过程中，强化学生对不同动作基元的组合方式、组合结构变化规律的理解。由此，体育教学中的操作性知识的传习规律形成了万变不离其宗的动作递归特征——同一动作模式即相同动作技术的复归，遵循自身复归于自身的基本规律，即以人类不同的基础动作模式作为建构基础动作单元的依据，不同的动作单元遵照人体动作链的基本结构，形成具有不同功能指向的动作结构，动作结构的不同要求人体的生物性特征、力学特征、学习环境、任务导向均有所不同。可见，动作结构不仅决定操作性知识即运动技术本身的功能，同时也决定了运动技术的学习特征、知识表征的难易程度等，因此，为实现体育教学对知识蓄积与能力增长的共进目标，需深入探究不同运动技术的知识结构。结构的递归是变换样式的递归，并非一以贯之的递归，在两种递归方式的交接处，形成了局部的不递归。不同的动作单元是相对独立的，但不同动作单元与动作组合的有序对接，衍生出不同的动作结构，由此源源不断地生成新的运动技术。

（一）动作单元——体育知识的类归与蓄积方式

完整的动作系统以不同动作为单元或单元的集合，动作单元则是动作被连接或组合起来构成动作链的表达方式。动作链借助人体关节的运动方式使动作按一定顺序衔接起来，如爬动、行走、翻滚、跑步、蹦跳、跨越等与位移相关的移动性动作技能，转动、伸展、弯曲、直立等关涉身体在不同空间特征控制能力的稳定性动作技能，抓握、拿捏、拍击、传接、投掷、蹬踢等关涉人类感知运动能力发展的操作性动作技能，均指向趋同的动作结构。趋同的动作结构能够引发动作效力的相似性，具有相同效力的动作结构就可称为一个“单元”。以“单元”作为不同动作结构的划归依据，不仅揭示了动作技术的层次性，且有效实现了动作的功能性分区。这些“单元”构成了学习的相关结构，不同动作单元作为“类”的存在影响着体育教学的宏观组织策略，学习相关结构间的区别揭示了体育知识的类归方式，其相互联系的逻辑程序则是蓄积体育知识的前提。可见，动作单元的设想为合理建构体育知识的基础结构、把握全局观念、建立技能与课程目标间的内在联系提供了重要思路。

（二）动作组合——体育知识建构的内在逻辑

动作组合以动作单元为基础，按照动作单元的分类方式以及运动技能的属性特征，进行稳定性动作技能、移动性动作技能、操作性动作技能的条件性重联，予以重新组合新技能的过程。动作组合的方式灵活多变，包括相对个体的动作基元的连接和组合，也包括整体或局部的配合（如篮球中的“一传一切”）。动作组合就是将某些动作融合在统一的运动过程中，使其构成人体运动的特定程式。其中不同类型的动作技能单元的动作程式复杂度有所不同。稳定性技能是以强化身体控制能力和身体定向能力为基础的动作技能；移动性技能包括强化身体移动能力的相关技能，移动性技能涉及的人脑信息加工程序和执行程序更为复杂；而操作性技能对所需控制的调节条件及相关运动能力提出了更高的要求，相比移动性技能，操作性技能关涉学习者的肌梭和腱器官引发的本体感觉的统合能力。而不同动作单元组合衍生出不同的运动技术，如动力性技术中的爆发型技术，它是以跑、跳、投等基础动作模式为主的技术总称，需要稳定性、移动性以及操作性技能的联动控制，才能使身体各关节得到最适时、最适序的运动方式，以争取最佳的运动效果。由此说来，动作的特点、容量以及动作单元间的组合方式，决定着运动技术的简繁与难易。因此，对动作组合内在规律的探索与揭示，是探究不同运动技术的蓄积方式和习得性规律的根本途径，也是体育知识建构必须遵循的内在逻辑。

（三）动作结构——体育知识传习的内在规律

动作结构是按照合理原则和完整性原则，进行不同动作要素的时序组合所呈现的稳定的结构特征。动作结构具有客观性、有序性、序变性以及相对稳定性的特点。客观性指动作结构的形成具有合理的客观依据，首先它要符合人体生理学、生物力学的规律，其次它要符合某种社会条件（规则、行为目的等）与自然环境（运动环境、气候环境等）的限制。有序性指事物内部要素和事物之间有规则的联系和转化。动作结构的有序性表现为“时间序”与“空间序”，即动作各要素的时间与空间构成应是有一定规则的，并服从于运动目的与运动规律。其中，“时间序”表示各动作的开始、运行和结束是依次推进的。“空间序”则表示动作要素组合的内在结构受到任务、环境与条件的限制，不同任务、环境、条件的组合方式，形成了一定的空间结构。序变性指动作结构应具有较强的序变能力，即动作结构应是动态发展而非静止的，是可调节而非固化的。相对稳定性主要表现为某一时间节点技术动作处于某一稳定状态，如射击等。动作结构是动作组合在时间序与空间序中的排列。不同动作技术的形成则通过不同动作单元的规律性组合，形成相对稳定的动作结构，促使各关节按照人体生理学的基本规律有序衔接。体育知识的传习是通过与运动感觉相联系的人脑关于动作或动作系统的形象所引发人体相应部位骨骼肌肉运动的体验过程，而骨骼肌肉如何精准、有序进行排列组合，即如何实现人体动作结构优化是动作技术表现整体性和流畅性的关键。因此，动作结构影响人体精准、有序、高效动作链的形成，其复杂性以及结构功能的优劣影响着体育知识传习的难易程度，揭示了体育知识的层次性和递阶性。

三、体育教学内容体系的重审

理解体育知识的序变特征和蓄积规律，是推断体育知识性质及其习得性规律的关键，更是建构体育教学内容体系的核心。基于动作要素与体育知识蓄积规律的相关性可知，人类动作的序变性与递归性是形成体育教学内容的基础，也是探究体育教学内容类归、分层和排列方式的基点。

（一）体育教学内容的分类

学校体育研究的先行者对体育教学内容的分类做过诸多研究和尝试，但受到不同文化母体差异以及体育功能与价值的时代嬗变影响，其分类方法和分析视角有所不同。1993 年，我国体育教学内容的分类方法主要是综合分类法，就是将运动实践部分的内容同时按照运动项目和身体素质两个方面进行分类，但实质上仍以运动项目的类别进行分类，忽视了运动技术与运动能力的整体性问题，因为并不存在能够脱离体能保障的完美技术。继综合分类法后，我国学者提出了“以教学目的进行分类”的方法。提出该种方法的学者认为，综合分类法出现问题的根本原因在于“没有考虑在以运动项目分类和以身体素质分类的上位还应有一个分类的方法”和“没能找到能包容运动项目和身体素质的上位分类方法”。该方法以不同教学目的所对应的上位分类源为基础，遵循建构主义的基本逻辑，匹配适于不同教学目标的内容设计，试图建构完整的教学目标，其目的在于增加身体练习人为的规定性，避免内容重叠所引发的逻辑矛盾问题。但以教学目标进行体育教学内容分类的方法存在如下问题：①如何确保不同层次的教学目标对接无交叉；②不同教学目标对应的教学内容是否构成全异关系。例如，同属运动实践目标层中的分目标“为掌握运动项目技能的身体练习（技术培养）”与“提高身体素质的身体练习（体能提升）”之间就存在内容交叉的问题。茅鹏认为“技术”与“体能”好比同一运动能力实体的不同指称，犹如一枚硬币的正反两面，所谓力量、耐力、柔韧、灵敏特指运动能力的四个维度，并非是抽象性的身体素质的实体，如若将这个体系当作运动能力的体能基础，就会在无知觉中造成技能学习的“损效”。由此而论，“以教学目的进行分类”的方法割裂了运动能力与运动技术间的内在联系，导致其在目标的对接上含混不清。再者，该分类方法对不同教学内容、教学目标的提取无法满足全异关系，也就是，这些以体现体育教育目的与本质的教学目标不能够真正囊括体育教育的功能与价值。追本溯源，产生这个问题的根本原因在于探寻体育知识属性及其价值过程中的认识存在偏差，无论以运动项目为基础抑或以体育教育目的为基础进行的分类，都无法深刻揭示体育教学内容分类的科学性。换言之，前人的研究中鲜有人意识到某一种运动项目本身所具有的综合性，即运动项目本身不仅具有多样性和规范性，而且兼顾了人体基本活动能力和运动素质的发展。因此，结合前人的相关研究成果笔者认为体育教学内容的分类应系统分析不同运动技能在性质和特征上的差异，具体称其为“性质分类法”。“性质分类法”主要源自真蒂莱等对动作技能习得规律的揭示。

真蒂莱等将环境背景作为动作技能分类的第一个维度。环境背景包括规定性调节条件（固定或运动）与操作节律（无尝试间变化与有尝试间变化）的组合关系。调节条件指决定（即调节）动作操作特征的环境背景，分为固定的调节条件和运动的调节条件。固定的调节条件强调环境的空间特征决定动作的空间运动特征，而动作开始时间由操作者掌握；运动的调节条件指环境的空间和时间特征决定动作的空间特征和动作开始时间。操作节律指在一种情境或一次练习中进行的技能操作中存在的调节条件，在下一操作情境或练习中出现或不出现的不确定性，强调践行相应技术动作的协同性与稳定性。由此可见，动作技能的性质取决于调节条件（固定或移动）与操作节律（无尝试间变化与有尝试间变化）的组合方式，一旦动作技能表现过程中的调节条件不发生变化，那么动作技能的性质（封闭性或开放性）就不会发生实质性的改变。同时，真蒂莱依据动作功能指向提出，我们可根据技能操作过程中是否存在身体位移或器械操作进行动作的功能性判断，身体定向指身体位置的改变与保持。有些技能不仅需要身体具有定向的能力，还需要改变或保持操作对象的位置。当某种技能不仅具有身体定向（固定或移动）的要求，同时还需保持操作的功能指向时，无疑提升了技能的操作难度。因此，真蒂莱根据任务的环境背景与任务的预期功能，将动作技能按其性质特征分成如下四种类型：①固定的调节条件 + 无尝试间变化 = 完全封闭性技能；②固定的调节条件 + 有尝试间变化 = 适度封闭性技能；③运动的调节条件 + 无尝试间变化 = 适度开放性技能；④运动的调节条件 + 有尝试间变化 = 完全开放性技能。对动作技能按其性质特征进行分类规范了教学内容的分类条件。如将教学内容设置为“持球练习篮球的变向突破技术，并加防守”，该教学内容按其环境背景、调节条件、功能定位就应被划归为在运动的规定性条件下（动作的开始与结束具有时间与空间上的不确定性），有尝试间变化（需要根据防守人的位置判断突破的时间节奏），有操纵的移动性技能（强调跑动中突破），定性其为完全开放性的移动类技能。可见，依据技能性质特点进行分类的方式促进了运动技能教学内容从简到繁的递阶性过渡，符合体育知识传习的递阶规律，从而确保了教学内容的科学性与合理性。

（二）体育教学内容的分层

探讨教学内容的层次性，首先是要厘清体育教学内容的内在结构，剖析内在结构的基础在于深入理解事物的基本属性。那么，何为教学内容呢？教学内容指在特定教学目标下，学生应掌握的概念、术语、原理等知识，并包含由此生成的技能、观念、态度、价值观等。由此说来，教学内容具有双重属性。一方面，教学内容包含学生应直接学习的学科知识，如体育教学内容的学习中，应重点传授技术要领、技术规则等对象性知识。进一步讲，对象性知识即为某一学科的结论性知识。另一方面，教学内容指学生在掌握学习知识的基础上应发展的能力，即对知识的学习过程的理解与感悟。如在学习具体的技术要领、技术规则时，通过知识形成的过程、运用的方法以及知识衍生的情感态度及价值观，即通过学习某项运动技术的具身体验，理解知识背后的意义和力量。张洪潭认为体育知识是人的多种操作能力的基础和积极作用的结果。体育知识并不是独立存在的，它总是要与认知性知识相互作用，才得以体现。也就是说，体育教学内容的分层不仅要探索对象性知识的结构，还应剖析过程性知识与对象性知识的内在联系。

现阶段我国体育教学内容层次的划分主要依据理论知识和体育技术、学习与练习、多时数与少时数以及素质练习与技术练习等方式进行教学内容分层。这种教学内容层次划分的基本思路，是以广泛性为前提的，注重对体育教学内容横向联系的理解，缺少对体育教学内容纵向复合性的探究，简而言之，就是割裂了体育基本知识、运动技能以及知识引申的情感态度与价值观的纵向联系。与此同时，以广泛性为前提的分层方式，尚需两个必要条件：第一，对教学计划的全面预设；第二，采用模式化的教学设计。但在实际的教学情境中，充斥着机变与创生，两个必要性条件难以得到满足。同时，模式化的教学设计封闭了教学创造性发生的可能，以传统教学内容分层的思路作为体育教学内容分层的基本逻辑，很难探究不同运动技能间的内在联系，况且运动技能种类繁多，技能分类的原则与方式皆有不同，以具体项目划归的分层逻辑也缺乏操作性，并且体育教师在教学内容的选择上很难穷尽所有运动技能，以致无法揭示教学目标与教学内容的一致性、教学要求的差异性、传承文化的时效性、难易技能的包涉性。根据体育知识的基本属性和内在结构，能够有效建立不同运动技术链间的横向与纵向联系，并能使其匹配不同阶段（不同水平）的教学目标，才是体育教学内容分层逻辑的关键。而传统的教学内容分层主要依赖部分学科知识追求泛化性的教学结果，问题在于“目标统领内容”，也就是根据教学目标设置的“目标的内容”而不是设置的“内容的目标”。这样既忽视了教学目标与教学内容间的内在联系，割裂了“技能目标”“体能目标”“情意目标”的统一关系，又抑制了特定教学情境下教学主体（学生）对教学载体（教学内容）所能产生的情感、态度和价值观，以致无法实现各阶段教学内容的自然衔接。因此，体育教学内容分层的问题归根结底就是处于某一水平（某一年级）的学生应该学习什么样的内容以及应该达到什么样的技能标准和情感体验的问题。

通过解构体育知识基本属性的相关结论可知，体育知识是以探索人类动作发展的一般规律为前提的。处于不同阶段的少年儿童其动作模式、动作技能以及相关运动能力的发展均呈现出递阶性特征，这说明了少年儿童动作发展的质量、顺序、积累方式等存在一定的发展规律，且少年儿童可通过传授身体运动的概念、原理、策略和方法，强化体育基础知识，提升身体活动水平和体质水平，通过切身的学习挑战与体验，得到情感意志以及社会适应行为的培养。在此过程中，基础动作、基本动作技能、基本运动技能（过渡性运动技能）以及综合性运动技能（复杂性运动技能）是动作技能学习的四个阶段，且不同阶段对人体功能、机能和体适能的要求有所不同，要求的不同意味着技能微观动作结构与宏观组织策略的差异。微观动作结构的差异指向动作技能操作难易度的自寻辨识，即动作的结构性差异内生了动作技能学习的客观规律。宏观组织策略的差异则指向前提性基础结构设计上的互异，用于强调如何建立课程内容与教学目标的联系及其对接的问题。所以我们认为，基础动作、基本动作技能、基本运动技能以及综合性运动技能构成了体育教学内容的四个层级，以其作为体育教学内容层级划分的依据，有利于实现不同层级体育教学内容与多元体育教学目标的统合。

（三）体育教学内容的排列方式

教学内容排列方式的合理化是对教学系统性以及教学内容配比合理性的回应，知识的学习必须系统化，知识的传授必须遵循严密的逻辑顺序，如何实现运动技能的系统化转化，则需深入探究运动技能作为系统性知识的基本特征及其习得性规律。传统的体育教学内容排列方式主要包括螺旋式排列、直线式排列以及周期循环式排列三种排列方式。螺旋式排列的主要特征为相同教学内容在各年级反复出现，主要适用于复杂性运动技能的排列。直线式排列强调不进行相容教学内容的重复排列，通常用于设计比较简单容易掌握或比较复杂不需深入学习的教学内容。周期循环式排列主要根据教学内容的属性特征，将其分为精教类、简教类、介绍类以及锻炼类四个层次，并进行大小单元与大小周期的交替设计，主要通过周期循环与练习强度调节体育教学内容的排列方式。其中，螺旋式排列与直线式排列以运动技能的难易程度作为排列方式选择的依据，而周期循环式排列主要以对教学内容在时间序与空间序的排列规律的探索为基础所构建的排列方式。以上排列方法主要是从体育课程内容的性质（必修课或选修课）、体育课程内容的形式（基础理论知识和操作性知识）以及体育课程内容的组织方式中提取教学内容的共性特征进行设计的，但以上的排列方法很难回应如下问题：①如何梳理体育知识的发展顺序和逻辑关系，也就是如何对体育知识进行从低结构到高结构的分级；②如何衡量不同技能的难易程度；③如何确保教学内容在时间序与空间序中排列的合理性。

出现这些问题的根本原因在于，传统的体育教学内容排列方式是体育教学目标统领教学内容的，就是依据教学目标所规定的范畴，确定不同教学内容间难与易、多与少的组合问题，表现在以具体运动项目为单位，如篮球、铅球、中长跑等，将不同项目的总称作为教学单元的总称，将具体的技术教学转化成具体教学单元中的教学顺序。这种设计理念是以各水平体育教学目标设置为基础而选择“目标的内容”的。然而，对应具体教学目标的教学内容实际上回避了对学生动作发展规律的科学认知，也就很难把握不同教学内容间的共性，从而也就无法判断处于不同水平的学生应如何选择与其对应的教学内容。体育教学内容的变化是无边界的，我们在甄选体育教学内容时，不可能穷尽所有的运动项目，但体育教学内容在关键特征上的变化是有边界的，所谓关键特征指某项体育教学内容中最核心的要素，如直线跑、曲线跑、变速跑等不同形式的跑，跑的基本特征即为建构不同教学内容的关键特征。由此认为，探讨体育教学内容排列的法则，并非单纯以体育教学内容的性质、形式或组织方式作为体育教学内容排列设计的依据，而应抓住不同体育教学内容的核心特征，以确立不同教学内容在时间序与空间序中排列的先后顺序和教学内容排列的标准。通过对体育知识结构以及学习规律的探索可知，动作单元是体育知识蓄积的基本单元，是人类基础动作模式的包涉性概念，不同动作单元的功能差异使不同体育教学内容具有不同核心特征。因此，以多元体育教学内容的核心特征为基础所建构的体育教学内容排列法则是一种新的体育知识的传习方法，新的传习方法以体育知识的操作性属性为基础，表现为身体运动系统反复操作后，会形成具有一定功效的程序化知识。

程序化知识强调知识的学习是有先后序列的，程序本身指方法，“化”表示学习的过程，运动技术的学习也尝试被定义为操作性知识的程序化过程，运动技术学习的程序设置，也就是学习运动技术的先后顺序，由于受到不同运动条件的限制，因此提出体育教学内容的“条件式排列”法则，旨在说明体育教学内容的排列应在探索体育共性知识结构的过程中，不断探索知识结构的组合条件。例如，如何根据篮球技能的要求和核心特征衍生出多样化且具有明显难易区分度的教学内容，并排列其习得的先后顺序，使之准确迎合某一具体学段的教学目标。根据真蒂莱等提出的二维动作技能分类法的基本观点可知，任务的环境背景以及任务的预期功能影响着动作技能的操作条件，环境背景的限制条件越多，任务的功能越复杂，所需的技术动作越复杂，参与活动的肌肉越多，体能要求越高。因此，运动技能传习的难易程度受到不同环境背景及其预期功能的双重制约，反映了不同技能的动作特征和系统特征，确定了不同运动技能在时间与空间中的习得序列。

（四）体育教学内容确定的依据和原则

1. 确定体育教学内容的依据

已有知识论的观点认为，教学就是教师与学生之间展开的关于知识的传习活动。那么，体育教学就是体育教师与学生之间进行的关于运动知识的传习活动。体育知识的传习依赖于人的大脑对运动经验的蓄积，这种运动经验蓄积过程是人的大脑信息加工的结果，遵守组织人体运动的程序性规则。该程序的确立涉及人体运动的基本规律，而动作是构成不同人体运动形式的基元，是构成运动技能的结构性基础，因此，体育教学内容确定的关键在于整合不同运动技能的动作结构特征及其序变规律，探究既定运动条件下，不同运动技能的结构性特征及其衔接方式，以探索特定内容的组合功能及其传习的递阶规律。

2. 确定体育教学内容的原则

一直以来，确定体育教学内容的原则总是在传习运动技术或是增强体质中往复徘徊，实际说来，技能是理解运动的关键，运动技能反映了人体同运动条件的相互作用的合理关系。而运动条件涉及经由科学实践引证的人体动力学、运动学相关的客观因素，如人的体格、体力，也就是说，运动技能的学习过程中必然伴有具体关节的力量、柔韧等体能问题，而运动技能的正确传习自然会获得技术提升和体能增强的双重效果。通过剖析体育知识属性及其传习规律可知，运动技术的传习是不断强化动作结构在时空关系中逐步稳定的过程。在动态的操作环境中，稳定结构主要依据身体（肢体部位、身体形状、身体活动）、空间（方向、水平、路线、伸展）、动力（因素和韵律）、关系（互动对象、互动模式）等多元动作相关要素的组合方式的变异加以呈现。换言之，一切教学内容的选择均应以动作四要素的变化配合为基础，其原理在于技能支撑人体各关节的相对运动，各关节运动的次序、路线、强度、方向等要素是运动技术互异多变的关键，为实现体育对人体自身的改造创造了条件。因此，体育教学内容的确定应遵循技术性原则，以强化运动技术的功能性和递阶性。

构建适性化的体育教学内容体系是达成体育教学目标的基础，适性化的体育教学内容体系应是符合学生身心发展特点，适合不同学段、不同水平的学生，并具有高度灵活性和可操作性的体系化结构。以动作指向技术为前提，其内部符合人体生理学结构，其外部服从人体运动规律，反映了人体在不同的运动情境下，身体运动表达的合理性，从而实现特定教学阶段与特定教学任务的功能性对接，对准确揭示体育教学内容的递阶性以及促进体育教学内容的功能性研究具有重要意义。

第四节 我国体育教学内容存在的问题及分析

体育教学内容作为素质教育中不可或缺的内容，是高综合素质人才应掌握的基础知识，虽然新课程改革不断深入，越来越多教师开始注意体育学科的建设，但是传统教育的思想还没有完全退却，有的教师和家长仍然并不重视体育学科，教学上教师在内容制订上过于随意，缺乏科学性，严重地影响学校体育教学活动正常开展，严重地制约了学校体育学科的建设。

一、学校体育教学内容设置上存在的问题

（一）教学内容过于僵硬，创新力度不足

虽然说体育课是一门以实践为主的教学活动，但是在学校教学中，每个学期的首堂课通常都是在教室里完成的，教师会对整个学期的教学内容进行一个简单的概括总结，并对学生进行一个简单的指导。从学校的教学内容设置来看，教学内容很多地方都存在着过度成人化、竞技化的倾向，年龄与教学内容上不匹配很容易导致学生对学习内容失去兴趣，学生很难积极主动参与到体育活动中。同时，有的学校体育教学内容设置上过于随意或者过于僵硬，这很容易让学生产生体育学科属于不受重视学科的错觉，于是出现学习兴趣不高等问题。

（二）体育教学目标失准

通常来说，学校的体育教学内容是根据学校体育教学大纲设定的，而学校的体育教学大纲则是根据以往的体育教学总结的经验以及在目标研究基础上形成的，所以学校体育教学的目标就显得尤为重要，有的学校制定的体育教学目标较为符合学校的教学特点和现状，但是不可否认的是目前有的学校的体育教学目标还缺乏全面的、科学的研究和规划，导致了学校体育教学目标不明确，使得教学内容设置上也不适合学校的实际情况和学生的特点，阻碍了体育学科的发展。

（三）课程内容无法培养学生体育锻炼意识

对于学校的体育教学来说，应该以培养学生终身锻炼的意识为目标，因此在教学内容设定上需要以终身化的教育为主，但是很多学校忽略了这一点，导

致内容设置上并没有结合终身化的教育目的需求。就拿高校体育教学来说，通常是一年级体育基本课程教学，二年级选修，三、四年级没有课，这种局面很难让学生形成终身化的体育锻炼意识，因此这一现状在未来势必要有所改变。

二、学校体育教学内容设置上的改进措施

（一）加强学校体育师资建设，增强创新意识

学校的体育教学内容都是由教师根据学校的体育教学目标进行灵活设置的，因此体育教师的综合素质高低就成了教学内容制定的是否科学、完善的主要影响因素。学校应该重视体育教师的综合素质培养工作，加强学校体育师资建设，不断结合学校实际情况和学生特点进行改革创新，从而完善体育教学内容，同时提高体育教师的综合素质能够提高体育教学的质量和效率，这对学校的体育学科发展极为有利。

（二）完善教学质量评价

体育教学是否得到了合理配置是影响体育教学质量的重要因素，体育教学配置能够直接反映出学校体育教学的质量和效果。因此学校需要建立起一个科学完善的教学质量评价体系，选取合理的评价指标，根据各项评价指标来反映当前体育教学的质量，从而发现问题并完成教学内容设定的创新与改进，同时教学的质量又直接反映出体育教学内容制定得是否合理，可见教学内容、评价体系、教学质量是一个有机的整体，能够全面反映学校的体育教学情况。

（三）教师要注重实践和研究

随着教育制度的改革，目前中小学的体育教学都是以《义务教育体育与健康课程标准（2011 年版）》作为体育内容教学标准的。在内容的确定上，学校体育教师的自主权较大，为了使教学内容更合理，需要体育教师不断地研究、实践，通过研究和实践来不断地总结经验，以完成教学内容设置的创新和完善，如此体育教学内容将会越来越完善，也必将有利于提高体育教学的质量和水平。

（四）学生主动积极创新

体育教学内容的完善并不单单是体育教师的责任，同时也是所有学生的责任。要让学生明确的是学习内容的完善是为了让学生本身更好进行学习，学习

是否有效还得学生自己说了算，因此需要学生对当前的教学内容进行尝试说出自身的感受，并向体育教师提出相关的建议，这样不仅能快速地提升教学内容的完善度，同时也能够加强师生间的交流，还能够不断地培养学生的创新能力、发现问题能力、思考问题能力和解决问题能力。

总体来说，随着素质教育理念不断推广和深入，学校的体育教学越来越受到人们的重视，但是在体育内容的设定上还存在着一定的问题，为了切实满足素质教育的要求，笔者主要对当前学校的体育教学面临的内容设置问题进行了简单的分析，并提出了几点建议，希望能够有利于体育学科的建设，有利于提高学校的体育教学质量和教学水平。

第五节　我国体育教学内容的发展特征

中华人民共和国成立以来，我国普通高校的体育教学内容随着社会的发展大体经历了三次比较大的变革。第一次变革是中华人民共和国成立后到 20 世纪 70 年代，这一阶段体育教学注重技术和体力的提高，体育教学内容基本都以跑、跳等提高体能锻炼为主的项目。20 世纪 70 年代末，提出了以增强体质为目的的体育教学，主体内容仍然基本沿用以前的教学内容，体育教学单纯以提高学生的身体素质为目的。到了 20 世纪 90 年代末，我国的体育教学内容向生理、心理、社会的功能方向转变，提出体育教育要满足学生需求、运动技能的学习、社会适应能力的提高。目前，普通高校体育教学内容已经发生根本的变革，具有更鲜明的特点。

一、体育教学内容有鲜明的时代性特点

时代在发展，科学在进步，经济全球化，各国的政治、经济、文化交流频繁。高校的体育教育作为高校教育的重要组成部分，体育教学内容也有鲜明的时代特点。

（1）体育教学内容符合民族化、国际化的需要。从我国目前的普通高校的体育教学内容来看，实现了民族传统体育和国际体育的接轨。我国普通高校的体育教学内容有鲜明的民族特色，例如，武术、太极拳等，几乎全国所有高校都在开展，占据高校体育教学内容的半壁江山。有浓郁地方特色的校本课程，

更是包含具有地方特色的体育运动，例如，具有我国传统特色的摔跤、赛龙舟、舞狮、舞龙、登山、拔河、下象棋、下围棋、放风筝等体育运动项目在各个高校相继开展，高校间的各种民族传统体育比赛也相继开展，进一步促进了民族传统体育在高校的开展和发展。同时，普通高校体育又与国际接轨，教学内容有鲜明的国际特色，例如，拓展定向运动、攀岩、网球、高尔夫球、滑旱冰等国际流行的体育运动，自课程改革以来，如雨后春笋般在普通高校的体育教学中出现。这充分体现了普通高校体育教学内容的国际性特点，充分体现了高校作为我国发扬民族文化、吸收外来文化的文化堡垒的特点，是先进文化的吸收者和传播者。普通高校体育教学内容的民族性、国际性的特点，符合我国时代的发展。

（2）高校体育教学内容渗透了当今先进的科学技术。“科学技术是第一生产力”，改变着人类的物质生产和生活水平，必然丰富着人类文明的形式，科学技术运用到体育领域，大大提高了运动的外部环境和内部质量。科学技术尤其表现在竞技体育的场地、器材、装备、训练等方面，促使竞技体育的水平不断地提高，而随着我国竞技体育高校化的进程，其必然渗透高校体育教学领域，对高校的体育教学内容产生影响。从整体来看高校运动场馆的现代化、运动器材的高科技化都促进了体育教学内容的变革。高校体育教学再也不是以前的一块场地、一群学生的情况，各个大学都拥有现代化的体育场馆和器材。科学技术运用到体育领域，提高了校园体育运动的安全性、可行性，提高了学生的健康水平。

（3）高校体育教学内容符合我国经济高速发展的需要。经济的发展，消费者的消费结构也发生了巨大变化，让很多高大上的运动项目有了走进高校校园的可能，学校有了经济条件来开设高消费的体育运动项目，学生也有经济能力来承担高消费的体育运动。学生有能力承担高昂的场地费、器材费、装备费等，经济实力的提高，使学生不再满足去进行跑步、篮球、足球、武术等传统的体育运动，很多学生紧跟时代的潮流，更愿意参与到高尔夫球、网球、定向越野运动等体育运动中。学生对这些体育运动的喜爱，又促进了体育相关产业的发展。

（4）体育教学内容满足当今大学生的需求。当今大学生接触的新生事物多，接受能力强，接受快，更具有冒险和尝试精神，很多学生对新生的体育运动接受快，更愿意去尝试。从体育教学内容上来看，大学校园的体育教学内容能够紧跟时代的步伐，新生的体育运动很快就能走进校园。例如，有的大学校园甚至出现了橄榄球、攀岩、保龄球、登山等体育运动项目。

二、体育教学内容的休闲性特点

从普通高校的体育教学内容来看，高校的体育教学越来越注重娱乐休闲的功能，很多高校都增加了休闲、娱乐性强的体育运动项目，例如，小球类运动、户外健身拓展运动、极限和强烈运动、有氧体操运动、太极拳等休闲运动。这些体育运动在高校中深受学生的喜爱，降低了体育的竞技功能，更多地体现体育的休闲、娱乐、放松的功能。高校体育教学内容的选择适应时代发展要求。

（1）体育教学内容的休闲性特点是社会发展的需要。随着我国经济的发展，生产效率的提高，人们有更多的闲暇时间可由自己支配，人们的生活观念发生了巨大的变化，“花钱买运动，花钱买健康”已成为新的社会时尚。休闲体育与人们的生活水平和生活方式有着直接的联系。大学生作为将要走进社会的成年人，需要增加对社会生活的体验，自然而然地增加了对休闲体育的需求，这也是大学生融入社会的需要，从而促进了休闲体育教学内容走进大学校园。例如，国际交际舞、形体舞蹈、健身操、斯诺克运动、台球运动、拓展运动等在很多大学中都有开展。

（2）体育教学内容的休闲性特点是大学生生活方式转变的需要。社会竞争日益提高，大学生作为生活方式变化最活跃的一个阶层，也必然接受来自竞争的压力，现代大学生生活节奏快、效率高、生存压力大，由此带来了一系列的心理健康问题，大学生需要能缓解心理压力、促进身心健康的休闲运动方式。而休闲体育锻炼不仅仅是身体锻炼的需要，也是排遣压力的最有效方法。在这样的社会背景下，普通高校体育教学以愉悦、放松、休息为主要目标，具有休闲、娱乐功能的休闲体育，受到学生的欢迎。

三、体育教学内容向更有教育功能方向发展

高校体育教学的主要功能是教育功能，目前体育教学向综合化、全面化方向发展，不但要增强学生的体质，还要培养学生的心理素质，增强情感体验，提高社会适应能力，使学生形成良好的道德，这样一来，体育教学内容的选择要能充分挖掘和发挥体育的教育功能。

（1）体育教学内容应满足学生体育运动实践的需要。体育教学必须通过

身体实践活动，使学生学习运动技能，学生要承受一定的、适宜的运动量，以促进身体素质的提高、身体的全面发展。学生在运动实践活动中，要掌握与健康相关的知识技能，以培养体育兴趣和良好锻炼习惯。目前普通高校已对体育教学内容进行了改革，目的是让学生能掌握 1—2 项体育运动项目，且是毕业后易于坚持的体育运动项目，不受年龄、运动负荷限制的体育运动项目，体育运动在体育课中，更在生活中，以满足学生走入社会，形成终身体育锻炼习惯的需要。

（2）体育教学内容应满足大学生心理发展的需要。大学生作为一个特殊的群体，是国家发展的栋梁，体育教学内容要发挥体育的教育功能，符合学生心理发展特点，能够培养大学生走入社会的各种品格，发挥体育教育的特殊的教育功能，以培养大学生稳定、健康的心理品质，以及坚强、勇敢、顽强、不服输的精神，提高大学生面对失败的心理承受能力。为大学生走入社会，面对各种各样的挫折做好准备。

（3）体育教学内容应满足大学生适应社会发展的需要。大学生最终要进入社会、融入社会，成为为社会发展做出贡献的人。目前高校体育教学内容的安排体现出培养大学生团队意识和协作精神的倾向，从而发挥体育教育的特殊教育作用。在对体育教学内容进行安排时，要在体育运动中体现出不同的社会角色，使学生参与其中，犹如参加社会实践活动，可以体验不同的社会角色，从而锻炼其适应能力。

四、目前普通高校体育教学内容存在的不足

（1）教师的配备无法满足学生对体育教学内容的需要。目前，高校体育教学内容变化速度快，以前一些高校必修的体育教学内容，经过高校体育课程改革，都已经失去了市场，如田径运动、部分球类运动。由于学生选择教学内容的自主性增加，学生都选择自己最喜欢的体育运动项目，一些时代性强、运动方式新颖、运动价值高的体育项目受到更多学生的青睐，学生对教师的要求也越来越高。从目前高校的体育师资力量来看，很多教师都是临时改项，教师对很多运动项目都是一知半解的，无法跟上学生对体育运动项目选择的步伐，无法满足学生对体育运动技术的高要求。教师无法完成教学，这样的课程形同虚设，大大降低了体育的教育功能。

（2）高校的教学内容没有突出自己的特色。很多普通高校的体育教学内

容，从表面上看紧跟时代的潮流，体育课程开设有很多，但没有自己的特色，没有考虑自己学校的实际情况，只是盲目地开始教授新兴的体育教学内容。例如，有的高校盲目地开展高尔夫球项目的教学，由于没有硬件设施，学生高尔夫球杆都没有，只能做原地的徒手练习。这样一来就会造成体育教育资源的浪费。学校应该了解自己学校的实际情况，了解学校的软件条件、硬件设施，有条件、有选择地确定体育教学内容，突出学校体育教学的特色。

第三章　现代学习观下的高校体育教学模式分析

在信息化技术不断发展的趋势下，网络信息化教学模式对我国教育领域产生了重要影响，各大高校正在逐渐改革传统教学模式，以便能进一步适应教学环境的实时变化。近些年，高校体育教学模式也发生了一定改变，但是在传统教学观念的影响下，高校体育教学依旧有待进一步创新改革，这样才能够更好地满足现代化教学的需要。所以，创新体育教学模式，全面提高体育教学水平与质量已经成为必然趋势。据此，本章主要对高校体育教学模式进行深入探究，以期为体育教学改革提供参考。

第一节　体育教学模式的基本理论

一、高校体育教学模式的误区

（一）认知阶段误区

国外先进的体育教学模式极具吸引力，且富有新颖性、可操作性。我国部分高校在引进时，并未深入探究其相关理念，只是为了引进而引进，单纯模仿他们的体育教学模式，却忽略了对相关理念的引进。而不具备灵魂的躯壳，根本无法长久生存，缺乏先进理念的体育教学模式也很难长时间处于正常的运行状态。

（二）选择阶段误区

1. 规律误区

体育教学模式的合理选择，需要严格遵守相关教学规律。首先，高校在设计体育教学模式的时候，应明确要求该模式既要符合普通学科的认知规律，又要符合体育学科自身的独特规律，即技能形成规律、运动负荷规律等。其次，高校在选择体育教学模式时，还应注重与本校学生的特色、认知规律等相符，应适应于本校学生的发展。

2. 构成误区

任何教学模式都包含四大部分，即教育理论、教学过程、教学方法、教学条件。高校科学、合理地选择体育教学模式时，需要对各组成部分进行综合分析，不同的模式都有其相对应的理论、过程、体系及条件，彼此之间不能混淆。

3. 要素误区

高校在选择体育教学模式时，应明确其与其他教学要素间的联系，即计划、目标、内容、结构、方法、教师、学生、评价等。只有与其他教学要素及相关标准相符，才能顺利将教学模式引入教学过程，从而产生更好的实用价值。

（三）实施阶段误区

1. 操作误区

在体育教学模式的实施过程中，应切忌一味求全，如果全面涉及教师、学生、设施设备等各个环节，将会无法明确主题，难以发现关键问题。所以，高校应先在小区域内验证，然后再构建可行、有效的相关机制，并根据实际情况进一步优化，最后大范围推广与实施。

2. 管理误区

体育教学模式的顺利实施，还需要政府、教育部门等相互协作，不论是哪一方或哪一环节出现失误，都会对体育教学模式的实施效果造成直接影响，甚至还会被迫停止，导致整个计划都无法实现。

3. 评价误区

高校在试行新型体育教学模式一段时间之后，应注意对其具体落实情况进行全面评价，即领导、教师、学生、家长等全方位的评价，一旦出现问题，及时采取有效措施加以解决。同时，高校还要积极关注教学过程与教学效果的评价，最大限度地防止各种衍生问题的出现，从而为教学模式的顺利实施提供保障。

二、高校体育教学模式现状分析

（一）指导思想

教学指导思想是教学模式的核心，传统的高校体育教学指导思想以技能教育与素质教育为主，但是近年来，许多高校都根据自身情况转变了教育理念，将培养终身体育作为体育教学的指导思想。当然，仍有少数体育教师在教学指导思想上认识不足，没有与时俱进，这就需要高校进一步强化教师对教学指导思想的深层学习，以提高其对教学的综合认识。

（二）课程标准

课程标准直接影响着高校体育教育事业的有序发展，其对于扩大体育教学空间具有一定的促进作用，并在明确体育教学模式的总趋势和总方向方面发挥着重要的指导作用。现阶段，大多数高校对体育教学时间的安排都比较合理。许多高校在与国家相关规定相符的基础上，结合本校学生的特色、地域差异等，对体育教学进行科学合理的规划与安排。

（三）教学条件

教学条件实际上就是教学环境、场地设施、教学器材等，是教学进一步实施的必要条件，也是体育教学顺利开展的基础。目前高校体育教学场地设施的配置并不完善，尤其是造价较高的场地设施，还有少数学校未实现现代化体育场所的构建，这就直接导致了学生难以实时接触新项目。我国大部分高校的场地设施还有待健全，现代化与综合型体育场地也急需完善。在目前的体育教学中，学生可利用操场进行跑步、跳远等常规项目的训练，但是部分专业项目的场地却比较匮乏，这根本不能满足学生的多元化运动需求，进而大大制约了教师与学生进行体育运动的主动性与积极性。当前，只有少数器材能够满足体育教学需求，品种比较单一，无法满足大部分教师与学生的多样性需要。另外，部分学校更换体育用具也不够及时，如网球、羽毛球等因使用频率高，损坏速度较快，如不及时更新，会严重影响教学效果。

（四）师资结构

对于高校体育教学而言，体育教师是最关键的人力资源，也是体育工作的组织者与指导者。目前，高校体育教师的年龄结构相对合理，但是在学历上，以本科学历教师居多，相较于其他学科而言，体育教师的学历相对偏低。因此，高校需进一步对教师进行继续教育和培训，或积极引进更多高学历、高能力、高水平的教师，以提高教师队伍的综合实力。

（五）教学内容

当前，高校体育教学主要是锻炼学生的体育运动技能并发展其体能，而对提高学生心理素质、强化学生安全意识、提高学生社交能力等综合素质方面的训练不多，在教学内容上也大大忽略了学生的学习兴趣，很难体现出体育教学的现代性。高校几乎很少开设健美操、瑜伽等大学生感兴趣的时尚体育运动项目，主要是因为高校的硬件设施不完善，不具备开设这些课程的条件。

（六）教学方法

高校的体育教学模式大都是依据学生兴趣设计的，其中多数院校以年级划分，进行分班教学，有的项目按照性别进行划分。在教学方法上，还有一些体育教师依旧主要利用讲解与示范，没有重视学生的感受，为学生提供的自行练习时间过少，教学过程单一、呆板，无法充分调动学生的积极性与主动性。再加上教师缺乏对新型教学方式的有效引进，对体育教学方式的创新不够，从而使得其教学效率与质量难以提高。

三、高校体育教学模式创新发展的策略

（一）更新指导思想

高校体育教学指导思想是体育教学模式设计的核心，所以，要想发展高校体育教学模式，必须先树立科学有效的、先进的教学指导思想。体育教师也应做到与时俱进，不断引进新知识、新技术，拓展学生的知识面，增加学生学习体育的兴趣。另外，在体育教学中，高校还应基于全面发展的角度，积极引入现代化教育思想，争取为社会培养出更多高素质、高能力的人才。

（二）丰富课程设置

现阶段，高校体育课程的设置比较单一，要适当增添一些学生有兴趣的项目，如拓展训练、瑜伽、健美操、野外生存等，以此调动学生的学习积极性与主动性，有效缓解学生的压力。同时，高校应在条件允许的基础上，增加一些益于大学生身心发展的体育课程，以提升学生的综合素质。

（三）师资队伍建设

对于高校教育事业而言，教师占据着主导地位，是提高教学水平与效率的关键。高校体育教师的综合素养与教学质量、学生健康发展之间息息相关。所以，高校应高度重视提高体育教师的综合能力，为教师提供多元的培训平台，全面培养更多高素质、高能力的体育教师，从而实现高校体育师资队伍的优化建设。

（四）突出本校特色

各大高校应就本校实际情况、学生特点及所在区域的特色，创建与学校、区域特色相符的体育教学模式，将自身特色凸显出来。同时，还应努力把校内与校外的体育活动、课内与课外的体育活动全面结合，构成校内、校外、课内、课外的全程一体化教学模式，为实现体育教学目标提供有力支持。

四、现阶段高校体育教学模式的构建

（一）原则

1. 创新课程内容

高校应遵循精细化、实用化等原则，适当增添实践性与应用性课程，促使学生的实践能力得到全面提升。传统教学中的理论与实践能力的培养只是体现在课堂教学上，是在学生学习基础课程理论之后，才进行后续的技能教学。而全程一体化教学模式，是将技能教学始终贯穿于教学过程中，让学生在每个阶段都能进行体育学习，这样一来，不仅能使学生的综合技能培养得以深化，还能实现学生综合素质的提升。

2. 优化教学内容

高校应注重提炼学科课程与技能培养的相关内容，进一步优化教学内容的讲授顺序，使得教学内容之间实现相互联系与对照，从而促使学生将教师所传授的体育知识与技能内化吸收。

3. 实现全程一体化教学

高校要为学生创建技能训练场所，以保证技能培养的连续性，在校内和校外、课内和课外实现全程一体化教学，最大限度地提高教师与学生的综合技能。

（二）构建

全程一体化教学模式并非传统的阶段性技能教学，而是系统的、立体的技能培养过程，其主要把技能培养始终贯穿于学生的整个大学时期，也就是基于课堂教学，将技能训练贯穿于各学期的体育课程中。在不同学期的体育教学中，侧重安排相应的运动技能训练项目，并与“第二课堂”实现有机结合，形成课内与课外、校内与校外、教学训练与竞赛强化训练相结合的一体化教学模式，多层次、综合培养教师与学生的体育素养与能力，推动学生及时内化知识并深化技能。

综上所述，基于新形势，高校体育教学模式实现了历史性转变，开拓了体育教师实现专业化、综合化发展的新时期。高校应对体育教师全身心投入体育课程教学改革的积极性与主动性给予认同与鼓励，当其遇到问题时，学校应及时给教师提供帮助，或出台相关措施加以解决。虽然，近些年的高校体育教学模式发生了一定改变，但在传统教学理念的影响下，体育教学模式依旧有待进一步创新、优化，以便更好地满足现代化建设的需要。这就要求高校必须深入了解体育教学的本质，明确体育教学的任务，掌握体育教学的规律，确定身体素质与运动技能教学的核心地位，基于新型体育教学模式，带动体育教学创新发展，开创体育教学的新形势、新局面。同时，高校还要深化人才培训培养，构建全程一体化的教学模式，其中，不仅要突出体育专业学生的优势，还要弥补其不足，将技能训练始终贯穿于整个体育课程教学过程中，从而促进学生全面、健康发展。

第二节　体育教学中典型的教学模式

一、基于 CBE（竞争性教育）理论的高校体育教学模式

为有效改善高校体育教学效果，推进高校体育教学深化改革，提高高校体育教学水平，有必要逐步摒弃传统滞后的体育教学模式，加强 CBE 理论在高校体育教学中的应用，对高校体育教学模式进行创新。基于 CBE 理论，对高校体育教学模式进行创新构建，要引导教师摒弃传统滞后的体育教学观念，将培养大学生的体育运动能力和综合素质作为核心目标，促进大学生积极参与体育课堂教学。

（一）CBE 理论概述

CBE 理论指能力本位教育理论。该理论注重培养学生的能力，并以此为出发点，确立人才培养模式，制定具体的教学方案。CBE 理论的核心在于对学生的职业岗位能力和综合素质进行培养。在教学过程中，学生占据核心地位和主体地位，教师要明确教学的具体目标，并对能力培养的详细方案进行科学制订，要有效保障教学内容具有较强的实用性。CBE 理论的教育目标在于有效培养学生的职业岗位能力，基于这一导向，对课程资源进行建设，对主要教学内容和具体教学方法进行合理选择，合理制定教学计划，并对教学进度进行有序安排，对教学评价体系进行优化，有效培养大学生的职业岗位能力和综合素质。

高校体育致力于锻炼大学生的体魄和运动技能，培养大学生的综合素质。教师要基于 CBE 理论的科学指导，对高校体育教学模式进行科学构建，摒弃传统的体育教学思想和教学模式，引导大学生深入理解和全面掌握体育理论知识、体育运动技能和相关锻炼方法，有效增强其身体素质。同时，对体育教学方案和内容进行优化，有效培养大学生的职业岗位能力和综合素质。

（二）CBE 理论在高校体育教学中的应用

1. 引导学生熟悉体育学习锻炼环境

在高校体育教学中，教师要对 CBE 理论进行应用，要引导学生熟悉体育学习锻炼环境，全面了解高校体育教学的具体内容、各项体育教学资源和体育锻炼设施等。另外，体育教师要引导学生了解高校体育教学的相关制度。

2. 明确 CBE 理论在高校体育教学中的实施流程

高校师生要明确 CBE 理论在高校体育教学中的实施流程。在此基础上，体育教师要科学指导学生对体育课程的各阶段学习目标、体育锻炼计划进行合理制订，并督促学生严格遵循学习目标和体育锻炼计划有序开展体育学习和锻炼，确保学生在规定期限内完成体育学习任务。

3. 对学生入学体育水平进行评价

高校体育教师要对学生入学的体育水平进行客观公正的评价，并依据评价结果，引导学生对体育学习锻炼的各项计划进行制订，并将评价结果作为体育成绩，录入学生档案。同时，体育教师要综合考虑高校体育教学的各种状况，增强体育教学计划的可行性。

4. 对学生的体育学习锻炼成绩进行评定

高校体育教师要基于 CBE 理论确定各项体育评价指标和相关要求，并合理确定体育考核时间，对学生演示的体育动作进行观察测定，在此基础上，对学生的体育学习锻炼成绩进行评定，并将成绩录入学生档案。

（三）基于 CBE 理论的高校体育教学模式创新构建策略

1. 对高校体育教学目标进行明确

基于 CBE 理论，对高校体育教学模式进行创新构建，要对高校体育教学目标进行明确。高校体育教学，不仅要注重锻炼学生的各项体育运动技能，还要深入挖掘体育运动项目具备的交际功能，强化体育课堂教学过程中的学生交互，促进高校学生开展体育运动竞技项目，有效增强学生的竞争精神和合作精神。例如，教师在教学过程中，可设置具有较强互动性和趣味性的体育比赛，组织学生分成多个小组，开展小组间的对抗比赛，在此过程中，有效增强学生的竞争精神和合作精神，并锻炼学生的体魄和意志力，在潜移默化中增强学生的人际交往能力，加强体育教学对学生职业岗位能力的有效培养。

2. 基于职业能力创设体育教学情境

加强高校体育教学对 CBE 理论的应用，要充分体现“能力本位”，并基于职业能力对体育教学情境进行创设。体育教师要深入考查并明确掌握各项体育运动项目的特点及其蕴含的教育功能，对体育教学情境进行科学创设，实现对大学生岗位职业能力的有效培养。教师要对体育教学情境进行科学创设，凸显集体互动性，实现对大学生体育学习个性化需求的良好满足，并有效促进体育教学集体目标的实现。教师要对体育课堂教学内容进行拓展延伸，将素质拓展的相关项目纳入体育教学课程中，增强大学生的集体意识，提高其职业岗位能力。

3. 培养大学生的个性化能力和综合素质

基于 CBE 理论，对高校体育教学模式进行创新构建，要强化对大学生个性化能力和综合素质的有效培养。教师要引导并鼓励学生对各项体育运动项目进行自学，大幅度提高学生的自学能力，并强化学生对 CBE 理论的深刻认识，在潜移默化中增强学生的自学意识。教师要强化对大学生的科学指导，激发大学生对体育运动项目的学习兴趣和热情，引导学生对感兴趣的体育运动项目进行深入学习和反复练习，有效培养学生的个性化体育素质和提高其运动技能。同时，在体育课堂教学过程中，教师要对后进生给予更多关注，并为后进生设置合理的体育教学目标，激发后进生对体育运动项目的学习兴趣和自信心，有效提高大学生的综合素质。另外，教师要兼顾个性化和集体化，促进大学生体育学习过程中的沟通交流。

4. 加强体育职业规则和道德教育

体育运动项目呈现出较强的交际性。多数体育运动项目存在相应的规则，学生在参与体育运动项目的过程中，自觉遵守各项规则，能在潜移默化中提高自身的素养。在 CBE 理论指导下，高校体育教学要加强体育职业规划和道德教育，帮助大学生有效完善其职业能力结构。通常，高校在开展体育教学过程中，所引进的各项体育项目，均具备相应的教学制度和各自的规则。对此，教师要加强体育运动项目相关制度和具体规则对学生的约束性，引导学生在参与体育运动项目的过程中开展有序竞争和有效合作，以及形成良好的规则意识，并对大学生的各项体育行为进行安全合理的控制。

综上所述，CBE 理论注重培养学生的能力。加强 CBE 理论在高校体育教学中的应用，对于培养学生的职业岗位能力和综合素质具有至关重要的意义。教师要引导学生熟悉体育学习锻炼环境、明确 CBE 理论在高校体育教学中的实施流程、对学生入学体育水平进行评价、对学生的体育学习锻炼成绩进行评定，并基于 CBE 理论加强高校体育教学管理。教师应基于 CBE 理论，明确高校体育教学目标，培养大学生的个性化能力和综合素质，加强对大学生的体育职业规划和道德教育，并对高校体育教学模式进行创新构建。

二、“互联网 +”时代高校体育教学模式

随着我国互联网的发展，其对于高校体育教学的冲击将会变得越来越显著，传统体育教学方法和模式在未来的教学过程中将难以产生良好效果，因此必须对教学模式进行改革。作为一名高校体育教师，在当前也应该充分认识到互联网对高校体育教学的诸多冲击，并且能够尽快地转变教学理念，能够站在学生的角度看问题，积极学习各类新型教学方法，灵活利用互联网的优势来提高体育教学的最终效果。这样，高校体育教学就能够在网络快速发展的背景下实现更好的发展，发挥体育教学的真正价值。

（一）何为“互联网 +”新型教学模式

互联网以其高效便捷、实时沟通、信息共享而优势凸显。由教育资源的差异导致的无法充分挖掘学生的潜质、自主能动性差等问题都可以在互联网教育

模式下得到解决，教师可以共享信息为平台，互相交流学习，以大数据为背景，了解当代学生的学习情况，动态调整教学模式，提高教学质量，实现教学相长和资源共享。

那么什么是“互联网 +”新型教学模式？“互联网 +”新型教学模式指教师以“健康第一”为指导，以新课标、新理念为准则，以学生为主体，事先在互联网上公布各个学期体育项目相关的教学内容和任务，提供各个专项的相关信息和视频，鼓励学生在课外主动使用互联网，对所选专项的基本技能有一个初步认识，再通过课堂内的教学传授、自主学练、交流探究、总结提高等教学措施来完成教学任务的一种教学模式。既能避免学生选课时瞎选乱选的盲目行为，又能为学生主动熟悉各项体育项目提供足够的时间和空间。其结构形式为网上公布教学计划和教学内容及相关视频—了解项目特性和运动原理—激发兴趣—选课学习—交流探讨—探究创新—总结评价—强化提高。

（二）互联网信息技术对高校体育教学的积极意义

1. 促进了高校体育教学内容的扩充

传统体育课堂教学，往往以教师为中心，让学生反复练习教师所示范的技术动作，学生属于被动学习，缺乏趣味，学习效率低下。因此，为了提高体育教学效率，就要丰富体育教学的内容，提升其趣味性和多样性。在高校体育教学内容活动的设计中，通过引入信息技术与体育专业知识相结合，不仅能发挥互联网信息技术的优势，还会丰富体育教学内容，从而吸引学生的注意力，激发学生自主学习的动力，培养学生良好的锻炼习惯和锻炼意识。

2. 可以在一定程度上弥补高校体育教学的不足

传统的体育教学，由于受场地、器材等因素的困扰，很难做到因材施教，而网络信息技术的快速发展和广泛应用把人类带进了一个全新高速发展的信息时代。随着网络信息技术不断地被应用到教学的各个领域之中，学生获取知识的途径呈几何级数增长，高校体育教学也不仅仅局限于课堂教学，在教师的指导下，学生可以通过信息网络学习到各种各样的体育技能和知识。

（三）“互联网 +”高校体育教学的改革途径

1. 转变教师教学理念

在传统教学模式中，教师跟学生之间的地位处于不平等的状态，教师通常都站在主体地位上，学生只能被动地接受教学内容。在这种教学环境中，教师具有较强的权威性，并且跟学生之间的交流沟通非常有限，最终的教学效果也不会很高。而在互联网不断发展的背景下，学生的思想受到互联网的影响变得更加开放，并且开始抵触传统教学中的师生关系。这个时候，高校体育教学就应该在这方面做出改革，教师应转变教学理念，优化教学过程中的师生关系。

在这之中，教师应该认清互联网时代的形势，并积极接受互联网思想的熏陶，在教学过程中跟学生建立平等的交流关系。体育教学的内容相对于高等数学等来说本身就相对轻松，因此教师在教学过程中更应该弱化自己的主导形象，引导学生共同完成教学过程。这样教师就能够实现跟学生的平等交流与沟通，不会受到太多的抵触。

2. 使用新型教学方法

在高校体育的传统教学中，教师一般采用的方法都是“示范—模仿”法，并且还会在一些体育运动开始之前给学生进行必要的讲解。这种方法虽然在短期内比较有效，并且能够让学生快速掌握各类体育运动的技巧，但是很难对学生进行强化训练，难以保证教学的质量与品质，最终使得学生的体育训练效果参差不齐。特别是在网络快速发展的背景下，很多信息化技术都已经拓展到了教育行业中，因此高校体育教学也应该灵活使用各类新型教学方法。

笔者认为翻转课堂和多媒体教学通常在体育理论教学和课堂教学中具有较好的效果，但对于单个体育运动项目的技能熟练度提升方面其效果非常有限。在这种背景下，可以在高校体育教学中推行慕课教学法，即将部分体育教学内容放置在互联网平台中，让学生能够随时随地通过智能手机、平板电脑等终端设备来查阅各类教学内容，提高了体育教学的灵活性。不仅如此，慕课平台中还可以放置一些视频、图片、分解教程等资源，能够让学生清晰直观地看到各个体育运行项目的技巧，并且还能够随意回放各个动作，增强了教学效果。但慕课平台在高校体育中推行也是一项长期工作，需要高校投入一定的资源。高校可以考虑逐步建设各个学科的慕课平台，充分利用这种新型的教学方法，将互联网跟教育教学真正融为一体。

3. 优化校园体育文化

在高校体育的传统教学中，很难形成特色鲜明的校园体育文化，校园体育文化最多体现在一些校内标语和标识上。这使得学生接受体育教学过程中很难受到校园体育文化的影响，以致体育教学效果一直都不理想。在互联网快速发展的背景下，高校大学生能够通过互联网来接触到更多的文化内容，使得高校内部文化组成变得非常复杂，容易对大学生群体产生负面的影响。

要想保证高校体育教学在网络背景下的教学效果，就应该改善高校校园文化，真正建立富有体育精神的新时代校园文化。这需要高校管理者能够明确体育精神对于大学生身心成长的重要性，做好社会主义核心价值观相关宣传的同时，组织体育院系开展一些校内体育活动，如新生篮球赛等，通过这些活动在校内营造一种体育文化氛围，解决高校体育教学受到互联网多元文化冲击的问题。

4.“室内”“室外”相结合，增加多媒体教学在体育教学中的应用

现代的体育教学，不应局限于体育场地（馆）当中，而是应该以教室、体育场地（馆）相结合，为多媒体教学提供更多的时间。例如，教师在教授体育技术动作和战术的时候，需要给学生演示和讲解，在传统教学中，教师的示范会比较麻烦和抽象，学生理解上会产生障碍，这时可以使用教室中的多媒体设备、多媒体技术来辅助体育教学，让学生通过观看技术和战术的教学视频或者体育比赛视频来进行学习，这样的教学更容易提高学生的注意力，且更简单易懂，能让学生加深对体育运动的认识。

5. 创新体育教学内容，深化课程改革

在信息化的教学活动中，有很多的教学资源和教学方式，但是在教学活动中要选择适合本堂课的教学资源，不能一味地追求教学内容的丰富性和多样性，而忽略学生对内容的可接受程度。所以，在选取教学内容时，要对其进行取舍，选取更适合学生理解和接受的，即能使学生明确教学目标，且能达到一定教学效果的教学内容。

三、慕课（MOOC）时代高校体育教学模式

随着社会的高速发展，社会对体育人才的需求越来越多，如何实现高素质体育人才的培养是目前各大高校的主要教学研究工作之一。人才的培养应该适应时代的发展和社会的进步，在现今信息海量化的时代，高校的教学模式也应该出现新的改变，使教学模式和具体的教学手段更加适应社会的需求。针对网络课程的高速发展，高校在开展体育教育的时候可以运用网络课程的优势，强化学生对体育知识的学习和掌握。

（一）MOOC的科学内涵及发展趋势

1. 内涵

MOOC指规模较大且呈现开放性质的网络课程，是一个可以自主学习的网络平台，涵盖海量的学习信息。MOOC有着三个主要的课程特征，在很大的程度上帮助浏览者进行高效的学习。第一是课程特征。浏览者可以在平台上进行自由化的资源获取和观看，这样的课堂模式不需要浏览者根据教材开展具体的学习活动，同时，这些资源的获取是免费的，浏览者不需要为此支付任何金额。第二是对浏览或是学习的人员没有数量的限制。相对传统的课堂教学模式，这样的模式更加方便学习者的学习，不再受教室的环境和大小限制，无论多少人员都可以同时进行网络课程的学习和使用，这样就大大方便了人员的浏览和学习，实现了多人同时学习的需求。第三是具有开放的授权特征。浏览者不再局限于浏览网站的限制，由于网络课程的开放授权，学习者可以通过不同的网页平台进行网络课程的浏览和学习。这样的模式方便了浏览者的信息查找，使学习者可以进行更好的网络平台的学习，提升自身的学习成果。

2. 发展趋势

目前，MOOC是国外各大高校比较受欢迎的一种教学模式，通过众多的教学信息的提供，学生的学习效果实现了明显的增长。据相关资料显示，国外很多高校为了提升教学的整体效果，加大了教育资金的投入，制作了众多的具有较高科学性和学科性的开放课程，深受学生们的喜爱。国外高校提倡终身学习的理念，认为知识的汲取是一项长时间的工作，没有具体的时间限制，知识是一种重要的精神养料，人们应该重视知识的传播，提高教学资源的开放性。

（二）开展MOOC体育课程的优势

1. 提升学生在体育课堂中的注意力

我国传统的体育教学是以封闭式的教学模式为主要手段的，传统高校体育课程的课时一般为90分钟，学生在进行体育知识的学习中会出现注意力不集中的现象。现有的MOOC将整体的体育课程时间控制在10—15分钟，这样长度的课堂学习可以让学生以最好的注意力进行体育知识的学习。虽然MOOC体育课堂的时间较短，但是其将重要的体育知识融入视频资源中，将重点的体育知识进行更好的、更系统的总结和传播，这样可以提高学生对体育知识的学习效果。

2. 强化学生在体育教育中课堂的主体性

MOOC是一种新型的教学模式和教学手段，创新了高校体育教学课堂形式，在很大的程度上提高了课堂教学的开放性，同时这种新颖的教学模式能够提高学生的课堂注意力，强化学生的学习效果。MOOC的课程时间控制在10—15分钟，这样的时间控制可以给学生提供更多的提问和交流机会，学生在体育课程的开展中可以提高自身对体育知识的掌握和理解程度，强化了学生体育课程的主体性。同时，这样短时间的课程安排可以让学生以小组的形式开展知识的讨论，对那些没有完全掌握或是存有疑虑的知识进行讨论，从而提高学生之间的学习交流效果。

3. 丰富了体育教学的资源

使用网络的体育教学，在一定程度上提高了教学资源的丰富性，使学生在接受体育教学的时候可以进行更多视频资源的观看，掌握这些网络视频中的体育知识点。使用网络可以丰富原有的高校体育教学资源，改变原有的课堂教学模式，创新了体育知识的传播途径。可以说，MOOC在很大程度上丰富了高校的体育教学资源，提高了学生接受体育知识的主动性，以及高校的体育教学效果。

（三）我国大学校园开展体育教育网络课程的情况

1. 现状分析

随着近几年我国教学工作的改革和创新，我国已经开始了高等教育资源的平台共享建设，同时重视对一些新的教学理念和教学模式的引进和借鉴工作的开展，我国逐渐转变之前的封闭式的教学模式，努力实现开放式教学工作的开展。根据最新的调查资料显示，我国高校在开展体育教育的工作中对网络课程缺少足够的重视，国内几家重要的教学网站涉及体育专业的教学视频资源很少，甚至有的较为出名的教育网站上没有开设体育教学的网络课程，学生不能进行网络在线的学习。由此说明，目前我国高校的体育网络在线课程开设工作没有引起相关部门和院校的重视，未能给学生提供优质的网络在线学习的平台。

2. 具体平台的使用情况

目前，就我国各类高校的教学工作调查情况看，只有不足20所院校加入MOOC中，这些学校开设的课程主要以计算机课程、英语课程为主，仅有四川大学和华东师范大学开设了有关体育教学的MOOC课程。这样的数据资料给人的直观印象是我国高校的网络在线课程的建设程度很低，有关体育教育的网络课程更是少之又少。整体的体育在线课程的建设需要强有力的支持，MOOC体育课程的建设应该受到各大高校的重视，各大高校应该积极加大有关体育教育的网络课程的建设力度，提高整体的体育教育的效果。

（四）基于MOOC提高高校的体育课程效果的建议

1. 加大模式的信息化发展力度

现今是一个信息飞速发展的时代，为了提高学生体育学习的效果，高校应该努力提高MOOC教学模式的信息化建设程度，加大其发展的力度，提高学生课程学习的效果。现阶段我国高校正处于改革的关键时期，使用先进的教学技术和教学媒介是目前高校改革的主要手段之一，也是高校改革的一个重要表现形式。MOOC是一种先进的信息化平台，为学生实现网络学习提供技术支持，教师可以通过开发体育MOOC课程，为体育教学的现代化提供有力的支持。

2. 更新高校师生观念提升MOOC课程的构建水平

体育教学是目前各大高校教学工作中的一个重要的组成部分，体育课程的教学力度应该适应目前社会对体育人才的各项要求，应该积极引用先进的教学手段和教学媒介提升教学的成果。目前很多高校的体育教师根据多年的教学经验形成一套独具特色的教学思维和手段，以及一种固定化的教学理念和教学手段，导致很多高校在开展体育教学的过程中，课程的开展形式主要是传统的知识讲授，不能适应目前的教学发展需求。所以，为了更好实现体育教学工作的开展，促进高校的体育教学现代化，高校的师生必须更新现有的观念，强化网络平台教学在各大高校的应用，推动这种全新的教学理念和手段的快速发展。

3. 借用国外的发展经验提高我国MOOC课程的灵活程度

目前，国外的MOOC课程发展较快，并取得了一定的教学成果，在体育教学工作中有着一定的经验。为了促进我国高校体育教学工作的开展，高校应该借鉴国外高校在开展网络课程教学工作中的经验，努力提高高校的体育网络课程的建设程度。同时，我国高校在发展MOOC课程的时候应该灵活地进行课程的改革，不能全部照搬国外的发展模式和手段，应该以自身的发展情况以及国内体育课程的发展现状为基础进行灵活性的借鉴。同时在课程开展时，应重视学生对体育课程的意见反馈，通过学生的直观感受提高网络课程的建设效果。

MOOC课程是目前具有先进水平的教学媒介之一，高校在开展体育教学时，应该积极借鉴国外的发展经验和先进的教学手段来提高体育教学效果，同时应该根据高校自身的发展情况和课程的建设水平灵活运用 MOOC 课程，灵活调整体育课程的安排情况。

四、基于人才培养的高校体育教学模式

高校作为人才成长的摇篮，肩负着为社会各阶层培养高素质人才的使命。然而，在当前高校体育教学中，由于体育教学模式滞后，在一定程度上导致体育人才培养成效远不如想象的好。为此，随着素质教育的不断深化，就要求高校应着眼社会需求，并结合自身办学条件，及时革新体育教学模式，以培养更多体育优秀人才。鉴于此，下面结合笔者自身的教学经验，对基于人才培养的高校体育教学模式改革进行分析，以期为相关教学研究提供可参考价值。

（一）培养高校体育人才的必要性

在当今社会环境下，高校人才培养的主要目标着眼于服务、生产及建设等多个方面，并重视学生能力、知识、素质的全面发展。为此，高校人才培养的教育活动与课程设置都是围绕培养应用人才目标展开的。而体育教学作为高校教育教学重要组成部分，对大学生身心健康发展有重要作用，所以体育教学更具有鲜明的实践性及应用性。鉴于此，高校应结合体育教学与社会发展需求，革新高校体育教学模式，即打破传统教学观念，以学生个性需求为出发点，因材施教，充分发掘学生的体育潜能，提高学生社会适应能力及就业竞争力。所以说，在素质教育及新课程背景下，培养高校体育人才势在必行。

（二）基于人才培养的高校体育教学模式发展方向

首先，当前高校体育学生个性特征较为显著，对新型教学模式欢迎程度更高，所以高校体育教学管理部门要充分引进更多新型体育人才，旨在满足学生对教学内容的趣味性的需求。

其次，高校体育教学与其他学科教学存在的一个最大不同点，即授课过程对设备器材配置要求较高，并不是只要有一块空地就可以了。以拓展训练或定向越野等来说，高校必须配备相对固定的场地及设备，如若缺乏相应场地及设施就无法顺利开展相应教学内容，进而影响学生的训练。所以说，优化体育教学设备配置是非常必要的。

再次，随着高校体育教学模式的多元化，如果没有与之相适应的教学组织形式来支撑，高校体育教学有效性是难以提升的。对此，只有针对不同教学模式，选择合理且适宜的教学组织方式，才能为高校学生更好学习提供一定保障，

进而培养出更多体育优秀人才。

从次，在素质教育不断深入的当下，国内诸多高校已经设置了新型体育项目，如瑜伽、围棋及舞狮等，从而激发了学生的学习兴趣。为此，结合时代发展进一步调整高校体育课程结构至关重要。

最后，在高校体育教学中，教师授课内容、教学实践能力、课程创新意识等多方面应形成科学的评价标准。虽然高校已制定相应评价制度，如实践技能展示、实践成果展示，但这些评价制度还缺乏一定的可行性（重视锻炼结果，忽视学习过程），不利于学生全方面协调发展，更不利于优秀人才的培养。为此，完善高校教学评价体系非常有必要。

（三）基于人才培养的高校体育教学模式改革建议

1. 强化教学新型人才引进

根据相关资料得知，当前大多高校由于缺乏一定的高水平体育专业人才，导致基于人才培养的体育教学改革停滞不前，甚至出现了教学效率低下、学生学习兴趣不高等问题。为此，要想实现素质教育下高校体育教学模式改革，加强对人力要素的重视是关键。人力要素对于任何组织的发展进步都是非常重要的，特别是高水平的人力要素对组织发展进步有重要促进作用。基于人才培养的高校体育教学模式改革也不例外，高校需要高水平人才去开展教学，以培养更多优秀人才。

基于此，在人才培养视角下，为进一步满足新课改新要求下高校体育教学模式的基本需求，开展体育教学模式改革，引进教学新型人才至关重要。特别是一些新型的体育项目，如街舞、射击、棒垒球等，都需要新型优秀体育人才进行教学。尤其是对于那些刚起步的高校来说，引进教学新型人才更为紧迫。因此，在素质教育不断深化的当下，为进一步优化高校体育教学质量，培养更多体育人才，高校必须引进高水平体育教学人才，旨在更好地开展体育教学，促使学生积极主动参与进来。与此同时，高校还要对现有的体育教师进行培养，包括教学理念、体育理论、科研水平及教学能力等，进而提升高校整体师资水平，完善专业结构。由此可知，在素质教育背景下，基于人才培养的高校体育教学模式改革，迫切要求教师有极强的专业能力，不断更新自身知识系统，为培养更多优秀人才做好准备。

2. 优化体育教学设备配置

实践教学离不开教学设备，教学设备既是实践教学的基础，也是实践教学的保障，更是衡量实践教学及规模的重要指标。然而，经实践得知，在当前大多高校之中，均存在不同层面上的体育教学设备问题，不仅影响着高校体育教学质量（利用率不高、浪费严重），还影响着高校体育教学改革进程推进。鉴于此，基于人才培养的高校体育教学模式改革，优化体育教学设备配置尤为重要。

具体而言，为全面解决高校体育教学设备配置问题，高校应基于人才培养视角完善教学设备的配置，为培养更多体育优秀人才奠定基础。具体而言，对于一些较为老化的设备及时更新换代，且相应地增添一些新型的体育教学器材，促使师生能够在体育教学上得到满足。基于此，高校体育教学相关管理部门，应科学进行资金规划与配置，适当增加高校体育教学设备配置资金，进一步完善新型体育教学设备配置，为实现体育人才培养贡献力量。由此可知，基于人才培养的高校体育教学模式改革，只有在体育教学设备配置上加以重视并全面完善，才能进一步推动体育教学模式改革，培养更多优秀体育人才。

3. 创新高校体育教学组织

随着新课程改革的逐步深入，传统形式下的体育教学组织已不能满足现代化体育教学需求。究其原因，传统形式下的体育教学组织形式单一且枯燥，不仅无法调动学生学习积极性，也无法激发学生运动潜能。为此，基于人才培养的高校体育教学模式要想得到改革，创新体育教学组织是非常重要的。实际上，高校体育教学模式改革就等同于教学组织创新，只有对教学组织进行创新才能进一步推动教学模式的改革发展，培养更多体育优秀人才。

以高校班级授课为例，虽说这是一种基本教学组织形式，但随着高校体育教学发展，这种教学组织形式也就需要不断改革与完善。如创立新的课程结构模式、在班级授课基础上加强个别化指导、改变和丰富班级授课中学生组织方式等。分层教学是顺应新课改新要求下诞生的一种新的教学方法，将分层教学应用到高校体育教学之中，可让各层次学生都能找到适合自己的学习内容与方法，从而以饱满的兴致参与教学过程中并体会成功的喜悦，最终获得良好的教学效果，以培养更多体育人才。

4. 调整高校体育课程结构

在新课程改革背景下，科学合理且能调动学生学习积极性的体育课程结构，既能提高课堂教学效率，还能提高学生课堂体育技能训练质量。相反，不科学、不合理的体育课程结构，既不利于课堂教学效率的提高，更不利于学校对体育人才的培养。为此，基于人才培养的高校体育教学模式改革，调整高校体育课程结构与以上所述三点同等重要。

具体而言，以学生全面发展为核心，构建专业理论、专业实践及素质教育人才培养体系是高校体育人才培养定位。只有找准体育课程在人才培养中的定位，才能根据学生专业特点，合理设置高校体育课程，为学生个体发展服务。首先高校体育教师要跟随时代发展，拓展一些新型体育项目如瑜伽、交谊舞、围棋、舞狮等，并将这些新型体育项目引进体育课程建设之中。其次，高校还可以实行选修与必修相结合的形式，强化学生课堂学习自主性的同时提升学生课程结构合理性。最后，还要将终身体育理念融入体育课堂教学，旨在通过课堂学习培养终身体育锻炼意识，提高学生身体素质。由此可知，调整高校体育课程结构是推动基于人才培养的高校体育教学模式改革重要途径之一，高校应提高重视程度，不可忽视。

5. 完善高校体育教学评价体系

影响基于人才培养的高校体育教学模式改革因素，除了以上四点之外，也包括高校体育教学评价体系。为此，要想推动基于人才培养的高校体育教学模式改革，就要先完善高校体育教学评价体系，只有制定切实可行的教学评价制度，才能科学评价学生，促使学生更好学习发展。

例如，高校教师可以记录学生各阶段的学习成绩，如每个学习阶段的量化分值，并对其进行综合分析，在研讨与分析的基础上及时调整体育教学计划，使学生明确自身阶段性任务，并朝着这个方向科学有计划地开展体育训练，以期成为一名优秀的高校体育人才。由此可知，基于人才培养的高校体育教学评价体系，不仅要将过程性与结果性有机结合在一起，还要将理论性与实践性结合在一起，进而有效提升高校体育教学评价体系的科学性及公平性，为培养优秀体育人才奠定坚实基础。

综上所述，基于人才培养的高校体育教学模式改革势在必行，本书主要从强化教学新型人才引进、优化体育教学设备配置、创新高校体育教学组织、调整高校体育课程结构、完善高校体育教学评价体系这五方面进行探究与分析，旨在通过多种途径全面推动高校体育教学模式改革，为社会培养更多体育专业人才。作为新时代背景下的高校教师，一定要提高对此方面的重视程度，并做出相应的改变，以期为我国基础学校体育工作有效开展及社会各阶层奠定良好人才基础。

五、生态文明理念下的高校体育教学模式

为了更好地构建高校生态体育教学，首先需要弄清楚的则是高校体育在教学模式转变方面所遇到的问题。目前，基于生态文明理念，针对高校体育教学现状的调查研究，发现了诸多阻碍高校体育教学模式转变的问题，具体如下。

（一）生态文明理念下高校体育教学模式的转变问题

1. 生态体育认知不足，体育活动组织不力

随着我国对生态文明建设的愈加重视，“五位一体”的生态文明建设已经被写入国家发展战略之中。然而，目前很多高校还并未将体育教学的生态化发展给予一定的重视。由于高校体育的教学模式一直以来延续的都是传统教学理念和教学方式，所以很多高校尚未认识到“生态教育”的根本目的与发展意义，生态体育教学也依旧停留在理论层面。甚至，很多高校出现了敷衍了事的状态，认为活动过后，一切回归平常，这严重阻碍了我国高校体育配套设施的引进，也不利于师生生态意识的提升。

2. 高校地理位置不利，生态体育教学不佳

通过相应的调查发现，目前我国各大高校大多数处于城市繁华地段，虽然所处地理位置十分优越，但是教学环境较差，且存在一定的交通拥挤现象，导致学生的整体体育训练效果不佳。另外，在现实的生态体育教学模式转变下，笔者发现现有的生态体育教学模式并未抓住学生的兴趣点，教学内容、教学模式都并未引起学生的注意，评价方式也并未关注学生个体之间运动能力的差异，往往一概而论。加之高校教师自身体育素养与知识水平的限制，无法充分满足生态文明理念下高校体育教学模式转变的需求。

3. 配套设施严重滞后，生态体育开展不顺

近年来，随着各大高校的扩招，高校的学生呈现爆发式增长的趋势。高校用于体育锻炼的场地本就不够用，加之目前高校将学校的大量用地用于本校的基础建设项目，使得学校的体育健身场所更是骤然减少，活动面积严重不足。再者，因为高校资金投入及思想认知层面的限制，生态体育配套设施建设相对滞后，体育运动场馆、硬件设施等配备不足，成为影响高校“生态体育”发展的最为关键的要素。根据笔者所见，目前很多省级高校甚至没有自己的游泳馆、乒乓球馆，仅仅有的只有田径跑道和篮球场。这对于高校开展多样化的体育教学是非常不利的。

（二）生态文明理念下高校体育教学模式的转变措施

1. 树立生态体育文明新理念

高校体育引入生态文明理念，是为了建设人与人、人与环境、人与社会的和谐发展。首先，要让教师与学生树立生态体育文明新理念，使得高校的体育建设与生态理念紧密结合，让传统的体育教学向更健康、更文明的方向发展。其次，要让学生明确生态文明体育的重要性，加强对身边环境以及周边设施的重视，提高对自然的热爱程度，实现人与自然的和谐发展。最后，提高高校体育教学的科学化与系统化，引导学生树立正确的体育锻炼理念，遵循科学的体育运动规律，科学进行体育运动，逐步实现人与社会的和谐发展。

2. 创建生态体育教学新环境

要想创建生态体育教学新环境，就要改善高校生态体育发展所需要的自然环境。自然环境就是高校里面的所有人类活动所需的物质前提，所以在健全高校体育教学生态化结构的时候还应该完善它应有的自然生态环境。一方面，高校在选址上要远离市中心较繁华路段，以免城市噪声的干扰不利于学生正常的体育锻炼。要选取远离城市的周边郊区位置，最好是环境优雅、安静的场所。另一方面，对于体育场地以及配套设施、器材的选择则要注意内外部空间的科学运用。例如，把高校的空地实现合理运用，建立安全生态体育场所，对各项运动设施给予后期的修护，同时将场馆内的器材定期更新换代，为学生营造更安全的运动环境。

3. 创新生态体育教学新模式

生态理念下的体育教学模式转变不仅仅要对体育内容本身进行转变，还需要对体育教学评价进行转变。将传统的只会量化的体育评价逐步纳入心理、情感等因素，在评价过程中，要重视学生课余的体育锻炼方式、身心发展程度。另外，在体育教学中，要以学生为本，重视学生自身的需求，尊重学生个体间的差异，善于发现学生体育锻炼的擅长项目，用欣赏的眼光看待每一位学生，引导学生树立正确的生态化体育锻炼意识，提高学生对高校体育运动的重视。

总而言之，生态理念下的高校体育教学模式的转变研究是为了让高校逐步摆脱传统体育课堂对学生的限制，转变师生的观念，提高学生对生态文明的认识程度，从而增强学生对于高校体育的重视。这对提高学生的身体素质，使学生养成体育锻炼习惯具有重要意义。

六、虚拟现实技术（VR）下的高校体育教学模式

当前科学技术的发展日新月异，体育教学引入VR对改变当前体育教学具有较强促进作用。进入21世纪之后，随着信息技术不断完善，信息化在教育教学领域不断得到更好的应用，VR在高校体育教学之中运用成为大势所趋。高校体育课程具有较强理论性、特殊教学手段的特点，VR的“沉浸式”课堂具有较好的教学效果。下面首先介绍了VR的概念内涵及其发展，然后研究了高校体育教学中VR的应用情况，最后探讨了VR在高校体育教学中的应用。

（一）VR的概念内涵及其发展

1. VR的概念内涵

VR即虚拟现实技术，所谓的虚拟现实指的是在计算机的帮助下对人类的感知进行模拟，我们又称其为虚拟环境。我们在对这种环境进行创造的时候，相关人员通过听、触、视等多种感觉的作用下对感知进行强化，进而让人们沉浸在计算机制造的虚拟世界之中，具有身临其境的现实感。在创设学习情境时我们广泛地应用虚拟现实技术，这对学习内容的形象和趣味具有较强的促进作用，实现更好的学习效果。把VR引入高校体育教学之中，不仅可以让具有危险动作的训练更加安全，还可以把培训成本进一步降低。所以，对体育教学领域来讲，VR相对多媒体、计算机技术更具优势。

2. VR的发展

VR是一种集合多种技术的高科技，综合运用了的技术有模拟技术、仿真技术、计算机技术等，这些都是今后研究的重要方向。虽然自2016年之后虚拟信息技术才被人们所熟知，但是实际上其发展历程已经走过了六十载。当前，很多高校已经致力于研发和应用VR，有的高校成立了系统仿真、虚拟现实技术实验室，不断促进VR的现实应用。如浙江大学、哈尔滨工业大学、北京航空航天大学等学校在虚拟施工、人机交互等方面具有很深的研究。这些高等院校的实验室甚至可以承担较高的项目研究，实践表明，VR可以让学生在很好的场景下开展学习，让学生的体验更深刻，这对学生掌握和巩固知识具有较强的促进作用。

（二）VR在高校体育教学中的应用情况

1. 国内学校教育中VR的应用现状

随着计算机技术的不断提升和教学理念的改变，目前在各个体育领域中现代科学技术都有较多的应用，特别是在体育教学中的应用更为深入。北京有家科技公司在VR领域具有较深的研究，他们把课堂教学与VR进行有效整合，研发出的“IES”沉浸式课程体系获得了很大的成功，并在高校体育教学之中进行了有效的应用。2016年，北京有家小学和该科技公司合作，共同研发并使用了“IES沉浸式教学系统”，至此包括百度等在内的很多科技公司开始对VR在课堂教学中的应用进行研究并持续推出更多的教学模式，2016年在广东工业大学举行了VR在教学之中的应用实践研讨会，至此在高校体育教学领域VR有了更广阔的应用。

2. VR体育教学相比传统体育教学表现出的优势

我们有效地运用VR，可以确保教师的指导更加的精确，让教师更有效地开展教学。借助VR教师可以对学生的动作进行有效的捕捉和多次播放，对学生动作的正确性和规范性进行检测，让师资力量压力进一步减轻。在互联网和大数据的作用下，VR可以有效地记录学生体育学习情况，如学生的运动时间、类型，身体情况等，在计算机的帮助下向教师和学生反馈体育教学结果，对教师来讲可以更好地对训练进行有效的调整，对学生来讲，在VR的作用下，学生学习兴趣得到培养，学习体育知识的热情高涨，学生能够更好地理解和掌握运动技能。同时在VR的帮助下，原来安全、场地、设施等体育教学受限因素将不复存在；在VR的帮助下，教师可以对多种体育项目所需的场地进行模拟，高校可以更好地开展体育教学活动。

（三）VR在高校体育教学中的应用

1. 虚拟现实沉浸课

3D仿真模拟是沉浸式学习的起源，在教学上有很好的表现。随着沉浸式虚拟现实技术的不断提升，在视听设备的帮助下，学生可以对学习环境进行科学有效的构建，实现和真实练习同样的感受。把沉浸式虚拟现实技术引入体育教学领域，一些奇幻的学习体验，如漫步星空可以实现，学习乐趣，如畅游深海也能达到。事实上，和其他国家相比，我国把虚拟现实技术引入课堂教学中的时间最早。

一些高精技术教学，如航空航天、医学等教学之中具有较为完整的沉浸式虚拟现实技术应用体系，和其他学科相比，体育领域的竞技活动具有一定的特殊性，在体育教学之中引入沉浸式虚拟现实技术和在其他学科中引入存在很大的不同。作为一门综合性学科，涉及管理学、物理学、医学、心理学等众多学科，不管是教学内容还是训练内容都受到体能、技能等多种因素的影响。把沉浸式虚拟现实技术引入体育领域，以其核心影响因素为中心，在平台上集合终端、应用系统等于一体，构建和真实学习环境一样的学习模式，以便学生能够全神贯注地投入到学习之中，获得类似一对一教学的效果和感受。

当前 VR 并不是简单地构建 3D 仿真，或者对实际场景进行模拟，而是实现 360 度全景式的虚拟实景。体育教学的特殊性决定了其要有特殊的虚拟环境构建，运动项目的不同使得所需要实现的虚拟场景存在一定的不同。这就要求我们必须根据体育运动项目的实际情况对其教学进行虚拟现实沉浸，并在其中很好地融入其他技术，诸如 AR、MR 技术等，以便于保持丰富多彩的课堂形式。

2. 教材体系的应用

对大学体育教学来讲，教材在其中扮演着一个重要的角色，通过对教材理论知识的学习，学生可以更好地了解和读懂动作标准和要求，以便于更好地掌握各种技术。传统的体育教材，一般使用文字结合图片的形式描述技术动作，但是不管文字如何详尽描述、图片如何的精美都无法把技术动作全方位地展现出来，只能退而求其次地使用分解动作进行展现。在 VR 的帮助下，我们可以把这种情况很好地改变，也就是说我们可以通过 VR 让学生 360 度全方位地观看动作要领。我们把 2D 的图片转变为 3D 的动画，通过这种形式对教学知识点进行对应展现，让原本枯燥、难以理解的理论知识更好地转变，确保技术要点以更加生动和直观的形式展现，这对学生学习主动性的培养很有帮助，可以使其尽快地突破重难点知识，实现效率和质量并重。体育专项 VR 教材主要由课本、手机终端等组成，手机终端承载着和课本相对应的知识点。

在信息技术不断发展的当今时代，课堂形式的变更越来越快，对现代体育教学而言，传统体育课堂传授知识的教学模式已经不再适应，尤其是引入 VR 之后，其具备的超时空性、仿真性等特点，为教学模式开辟出了全新的领域和天地。在虚拟现实技术的帮助下，教师现在可以在教室内开展以前必须在操场上开展的体育项目的教学，虚拟现实技术让死气沉沉的课堂教学变得更加生动有趣。如游泳课程教学之中，教师对理论知识进行传授变得更加简单。移动终端可以对教学进行极大的辅助，发挥着独特的作用。同时，VR 还可以让教师和学生的交互性大大提升，不再受时空的限制。

对体育教学事业来讲，高校体育教学改革是其中的一个重要环节，在“互联网+技术”浪潮下，VR 得以呈现和不断完善。科学技术获得极大的进步，硬件和软件水平不断提升，价格上也更加有优势，相信在今后高等院校教学的过程中，VR 的应用会更加的广泛，也会取得更好的效果，高等院校的体育教师对此应该有清醒的认识。

七、面向阳光体育的高校体育教学模式

我国社会整体发展速度正在不断加快，在这样的时代背景之下，我国教育事业的整体发展进入了一个新的阶段。但是对于很多大学生来说，其综合体育素质较差，并没有养成良好的体育锻炼习惯，这也导致其身体素质以及心理素质较差，将来走向社会势必会面临多方面的考验，自身的心理素质较差，会使其很难在社会上立足。因此，对于高校而言，展开体育教学是非常必要的，但是传统的高校体育教学模式往往与现阶段的阳光体育教学理念存在着一定的差距，这势必会影响高校的综合体育教学质量，同时也不利于学生的综合健康发展。这样的教育背景之下，高校应该对自身的体育教学体系以及模式进行不断改进，从而促进高校体育教学事业的不断发展。

（一）阳光体育教学理念在高校体育教学落实过程中存在的问题

1. 目标意识不强

从现阶段我国高校体育教学活动开展的实际情况来看，虽然很多学校已经全面落实了阳光体育教学的理念，但是从整体的落实效果来看，往往存在着教学目标意识不强的情况。在新的教育教学形势之下，如果高校体育教学的目标意识较为薄弱，势必会对高校今后的体育教学事业开展产生较为严重的影响。对于高校方面来说，在开展体育教学的时候，不仅要让学生掌握相关专业知识以及专业技能，同时还应该使学生的身体素质以及心理素质与现阶段我国社会发展的实际情况相结合，这样才能够保证高校学生的综合素质得到有效提升，使其在正式踏上社会之后，可以更加从容地面对种种来自外界的考验，这也是高校体育教学的重要意义以及职责体现。但是目前很多高校在开展体育教学的时候往往受到传统体育教学理念的影响，这在很大程度上影响了高校教育事业的整体发展，导致很多学生都没有养成良好的运动习惯，因此，如果没有教师的监督，学生的身体素质就会下降，这种现象不利于学生在现今竞争日益激烈的社会环境中长足发展。

2. 高校体育设施存在落后的情况

从现阶段我国高校体育教学活动开展的实际情况来看，很多学校都存在着体育设施较为落后以及体育设施不健全的情况，这主要是高校为了更好地节约教育教学活动开展的成本，往往对体育教学的重视程度不够，在体育设施采购方面资金投入较少，这也使得高校体育教育事业的发展速度较慢。体育设施是体育教学活动开展的基础，体育课是一门以实践操作为主的课程，体育设施对于体育教学活动的开展有重要意义。除此之外，阳光体育教学对高校体育教师自身的专业水平也是有很高要求的，但是很多高校的体育教师往往没有达到这样的水平，缺乏相应教学经验，并且对新的教学理念以及教学器材的接受速度较慢，这直接导致了体育教学模式的创新速度较慢，很难赶上时代以及教育事业的整体发展脚步，是导致阳光体育教学的整体质量难以得到有效提升的关键。

（二）高校阳光体育教学模式创新体系构建策略

1. 转变体育教学观念

要想更好地对阳光体育进行落实，高校方面首先应该注意对传统的体育教学理念进行一定的转变，从而使其与现阶段我国教育事业的整体发展理念以及社会的发展理念更加契合，这样才能够保证学生今后踏向社会之后有较高的心理素质，对自身有更加正确的认知以及定位。面向阳光体育，高校的相关领导人应该清晰地认识到体育教学的重要性，对传统的体育教学理念进行转变，坚持以学生为本的教育理念，注重体育教学情感化，这样一来可以使学生在体育教学活动中的重要性得到更好的体现。例如，高校在对学生展开篮球教学的时候，其中有一个非常重要的环节是投篮教学，教师完成基本动作教学之后，可以让学生自行练习，当学生练习一段时间之后，教师要组织学生展开小组投篮竞技游戏，这样一来可以有效提升学生篮球学习的积极性，同时也可以激发学生篮球学习的兴趣。

2. 注重开展课外运动

面对阳光体育，高校应该将体育教学的内容与学生的课外活动进行关联，高校方面可以定期在校内展开体育竞技比赛，如篮球、足球、羽毛球、排球等比赛活动。这样一来势必会使得学生的业余生活得到极大的丰富。例如，高校可以定期举行足球比赛，足球是一项全民运动，同时也是一项集体性很强的运动，可以让很多学生都参与到项目当中。教师还应该注意对相关参赛的学生进行技术指导以及团队协作指导，这样可以使球队的整体凝聚力得到有效提升。

同时，在进行足球比赛的时候，学生还应该做好相应的防护措施，避免在运动中出现受伤的情况。

从现阶段我国高校体育教学活动开展的实际情况来看，尚且还存在着诸多问题，学校方面应该积极对自身的教育教学模式进行改进，同时还应该根据学生的实际情况对其开展有针对性的体育教学。面对阳光体育，高校应该注重对体育教学模式进行丰富，告别传统的单一体育教学模式。此外，高校方面还应该进一步加大体育设备的采购以及更新力度，体育设施是保证体育教学整体质量的关键，只有保证体育设施的供应，才能够保证体育课程的实践性得到更好的体现，从而使得高校体育的综合教育效果得到更好的体现，有助于学生身心健康成长。

八、文化传承视野下高校体育教学模式

我国作为四大文明古国之一，拥有五千年的文化历史，我国的文化源远流长，博大精深，一直以来都是人们的精神向导。我国社会发展进入新时期后，在教育中的改革表明国家对文化传承的高度重视，以及对文化复兴的强烈期望，在高职院校的教育改革中如何融合中华文化，是改革中的重要环节，对于文化传承起着重要的作用。

（一）文化概念

文化是人们对生活的升华，是人们在满足物质需求后对精神需求的追求，是人们在社会发展中，为后人创造的文明。在精神世界中有所寄托，先辈在精神追求的过程中，创造了文字，发明了笔和纸，通过诗词歌赋让我们有机会了解他们的精神追求，这就是文化。

（二）体育文化

体育文化与早期人们的生产生活有很大的关联，受到地区和民族文化的影响，是人们对生产劳动的总结和升华，也是在和平时期人们对尚武精神的推崇，这些逐渐演变成为体育文化。反映了人们对物质生活的满足，以及追求身体健康的精神。

（三）文化传承创新与高校体育文化

一个国家的综合实力在文化传承上有重要的体现，只有综合实力强的国家，才不会被国外的文化侵蚀，才会将本国的文化进行传承。任何国家和民族的发

展都离不开文化的熏陶，而文化也离不开社会和人民，人离开文化的熏陶就会丢失精神的追求。社会离开文化的熏陶，社会风气就会逐渐恶化。文化、人和社会是相辅相成的关系，只有携手共进人民才能进步，社会才能进步，文化才能得到传承。高职院校是为社会培养人才的基地，不能没有文化的熏陶，高职院校教育在社会发展中扮演着重要的角色，在文化传承创新方面有着重要的责任，是向学生传播文化的重要基地。高职院校如果进行的是对学生不包含文化传承的教育，就不可能培养出品格高尚的大学生，不能培养出高素质技能型人才，对社会的发展就没有价值。在高职院校的教学中文化传承创新是重要的教学目标，高职院校需要在校园内为学生创造良好的文化氛围，在文化传承创新上要成为领头羊，只有这样才能实现我国文化的大发展，才能让我国的文化在全球多元化的影响中生生不息。

体育文化作为高职院校校园文化的一部分，主要是利用学生的体育活动，培养学生的体育精神，增强学生文化意识。高职院校拥有良好的体育文化氛围，不仅可以培养学生的体育锻炼意识，还可以培养学生的社会责任意识，能让学生对于参加社会活动变得更加积极，培养学生在社会工作中的交际能力，所以在新时期对于新的文化需求，高职院校在体育文化方面要积极的创新改革。高职院校体育文化表现出时代特征，在教育中影响着学生的社会价值观，也影响着学生对于体育精神的认知。体育文化从其本质上讲，是体育活动中体现出来的精神价值，这种体育精神影响着学生的精神追求和行为作风，是人们在长期的体育活动中总结的意识形态，是人们超脱于体育活动的内心追求，也是体育文化的灵魂。不管是哪种形式的体育运动，都不能没有体育精神，体育行为是人们为了满足对体育活动的需求而进行的活动，体育行为有很多种，如观赏比赛、购买体育用品、组织体育活动等，这就产生了体育行为文化。高职院校体育教学的重要性是，其可以影响学生的体育行为和体育活动习惯，从而对学生的体育精神产生影响。体育精神的培养，可以决定学生的人生观和价值观，所以高职院校要通过不断地进行文化传承和体育改革使学生具有积极向上的精神追求。

（四）当前体育教学存在矛盾分析

我国对高职院校的体育教学是比较重视的，在中华人民共和国成立的七十年里，根据不同时期的发展需求和历史特点，相关部门曾前后五次对高职院校体育教学的指导纲要等相关文件进行了修改，每次修改都为高职院校的体育教学内容进行拓展和补充。新的时期，也要有新的内容，老旧的体育教学指导纲要，在当前实际的体育教学中有很多的问题，现在的学生沉溺于游戏、玩乐，身体素质逐渐下降，还不喜欢参加体育活动，缺乏体育锻炼，也缺乏参加体育活动的意识。这种情况的发生与高职院校的体育教学有关，也与社会发展的环境有关，面对新的环境和问题，高职院校要积极寻找解决办法。

1. 课程目标理念与实施载体之间存在缺失

根据教育部颁布的《全国普通高等学校体育课程教学指导纲要》，全国高职院校体育教学要以“健康第一，终身体育”为指导思想，“运动参与、运动技能、身体健康、心理健康、社会适应”为教学目标。而在高职院校实际的体育教学中，无法正确地利用体育课程对学生进行心理健康辅导，在高职院校长期体育教学中，习惯教授体育知识、体育活动技能知识，没有重视在体育教学中进行体育文化的培养，使体育教学缺失了文化的传承。

2. 课程目标理念与组织实施行为之间存在缺失

体育课程目标理念的实现需要高校合理安排课程内容，系统建立课程结构，不断完善体育教学方法。当前高职院校的体育课时间短，课程内容单一枯燥，学生多是学习体育课程的理论知识，教师多是教授学生体育技能，开设的课程有乒乓球、排球、羽毛球等，并不是所有的学生都对这些课程感兴趣，所以导致学生对体育课程的学习兴趣并不是很高。学生对体育课程的学习只是为了获得学分，对体育运动的技术技能，只学到很浅的一部分，只要能够达到考核的要求，就不会再练习，也不会对体育文化进行深入的学习。学生到体育课堂，只是为了签到保证满勤，以在综合考核中提高分数，这样的体育教学模式没有重视对学生进行体育意识和体育习惯的培养。而且高职院校的场地有限，为了全方位地发展会开设其他的课程，建设相关课程的教学场地，使体育教学的场地减少，有的高职院校由于资金短缺，在体育器材的购买力度上也会降低，不能满足当前体育教学对硬件的需求，使体育教学的改革受到很大的阻碍。

3. 课程目标理念与器物配备之间存在缺失

现在很多高职院校的体育场地有限，体育器材也得不到充分的补充，在实际的体育教学中无法实现课程目标，很多体育项目在高职院校都没有开设，如网球、标枪、射箭等。有些体育项目虽然开设了，但是学校没有匹配专业的场地和器材，如乒乓球、排球，使学生对体育课程没有较高的热情，所以体育教学的效果并不能让人满意。

（五）高职院校体育教学改革课程建设建议

1. 体育课程目标的确立要具有多维价值性

在文化传承视野下的体育课程目标主要是学生通过体育学习与体育活动完成的。体育课程目标的确立要具有多维价值性，即学生当前的能力价值、健康价值、文化价值和社会价值。能力价值使学生在高职院校体育课程中，对体育知识的掌握和体育锻炼的程度得到提高。健康价值即学生通过体育知识和锻炼使自身的身体素质得到提高。文化价值是学生在体育活动中的体育习惯。社会价值是学生在体育课程学习过程中形成的思维和价值。

2. 多元化课程内容设置

课程内容的设置要根据课程目标而确定，从以往的经验中寻找设置原则，要理论与实践、传统与现代、民族与国际、兴趣与科学、生活与人文相结合。以此为原则，根据实际的教学情况，设计体育课程内容，如体育知识理论、体育项目、竞赛训练，这样既丰富了体育课程内容，也使中华文化得以传承。

3. 系统化的课程实施

设计好的体育课程在实施的过程中，要系统化地进行，合理地安排课程设置和课程结构，在实际的体育教学中要找到合适的教学手段，体育教师要因材施教，对不同学生能够有不同的教学方法。高职院校也要加强对体育教师的文化素质培养，在假期体育教师都有时间的阶段进行专业素质的培养。学校可对体育教学的硬件设施进行建设，也可对人文景观进行建设，为学生提供良好的文化氛围。在文化传承视野下，体育课程系统化地实施对体育教学改革也有着很大的推动作用。

（六）文化传承视野下高校体育教学模式创建研究

1. 高校体育教学改革与校园体育文化相结合

校园文化建设和体育文化建设作为高校体育教学改革中的精神动力，需要对其不断进行加强。高校体育教学的改革需要结合人文情怀，在改革中要坚持以人文本，对高校内体育物质文化要不断地完善，同时也要不断完善体育精神文化，学生在文化的熏陶下，会不断地提升自身的身体素质和心理素质，达到身体健康和心理健康的教学目标，这样可以促进校园体育文化的完善。在体育教学中融入中华文化，不仅可以促进学生健康发展，还可以让中华文化得到传承。

2. 高校体育教学改革与文化传承相结合

对于中华五千年的文化，需要不断地传承才能了解其中的奥妙，我国文化经过积累沉淀，已经拥有非常雄厚的根基，深入每个人的心里，并生根发芽。所以深入人心的文化，一定会成为体育教学改革的助力，中华文化也会在体育教学中得到传承和发展。

高校体育教学改革，主要以“怎样培养人才”和“培养何种人才”为基准，要想得到满意的答案只有通过文化传承创新。文化传承创新和高校体育教学改革的融合，不是一蹴而就的，需要对其进行探索研究，并制定行之有效的计划。只有这样高校才能培养出国家当前需要的人才，在体育教学过程中还可以弘扬中华文化，对学生进行体育精神的培养，首先要培养学生对文化传承意识，其次要培养学生对精神世界的追求，从而让学生主动学习增加自身的文化素养，主动锻炼提高自身的身体素质，在文化传承视野下努力充实自己，为我国高校体育教学改革做出贡献。文化传承是高职院校体育教学改革的理论基础，在体育教学改革中提倡的以人文本和各种健康体育教学理念都是从中华文化中提炼出来的，所以高职院校的体育教师，也需要不断地学习扩充自身的理论知识，这样才能为学生提供更好的体育教学，让学生在掌握体育运动知识和技能的同时，也能够做到对中华文化的传承。

3. 高校体育教学改革与中华文化精神内涵相结合

在社会的发展中，高校体育教学的改革也更进一步，在体育教学改革之后，学生的心理素养和身体素质都得到很大的提升。因此改革后的体育教学也为中华文化的传承和发展提供新的路径，中华文化在高校的体育教学中进一步得到发扬和传承，从而促进了学生对文化的学习和精神的进步。这样的高校，可以更好地为我国当前的社会发展培养高品格的人才，可以让文化得到更好延续。在体育教学中发掘中华文化的精神内涵，高校在体育教学改革的过程中会有成功，也会有失败，失败并不可怕，我们可以对失败总结经验，在下一次的改革实践中，更好地避开失败，离成功更近一步。从中华文化中，可以看到很多改革的失败，也有很多实验的失败，但是先辈们一直在坚持，从不气馁，这对于学生的体育教学有重大的意义。现在的大学生是我国发展的基石，是中华文化传承的中坚力量，体育教学改革是必要的，可以促进学生精神世界的提升，只有这样才能让学生感受中华文化的魅力，才能让中华文化在高校的体育教学中得到传承。

高校在体育教学推动文化传承的实践中，要强化校园内的文化氛围，让学生时刻都在文化的熏陶之中。高校在体育教学改革中应大胆创新，将体育教学与文化进行有机的融合，拓展体育文化的精神内涵，让学生在体育课程学习中，使自己的身心素养得到提高的同时，对社会的了解也更加深刻，在学习的过程中可以认知自我，最重要的是对中华文化进行了传承。

第三节　新型体育教学模式的构建和运用

一、高校体育互动教学模式的构建

“为了每一位大学生的发展”“以人为本”是新课程改革的核心理念。在高校体育课堂教学中，教师的首要任务是营造一个接纳的、支持性的、宽容的教学氛围，创设能引导大学生主动参与的教育环境，让他们在平等、尊重、信任、理解和宽容中受到鼓舞和激励，使他们的个性得到解放与张扬，情感得到丰富与发展，思想得以交流与提升。为此，日常工作中，营造出开放互动的高校体育教学氛围，具有非常重要的现实意义。

（一）转变高校体育教学观念

（1）由单纯生物目标向全面发展目标转变。人的全面发展指身体、智力、品德、审美和技能（特别是运动技能）的发展。在传统观念里，高校体育教学的目标被看作学生通过身体练习掌握运动技术、提高身体素质，即只是促进人的机体的各组织系统的发育及机能的增长的单纯生物方面的发展，而忽视了其他各方面的发展。因此，在高校体育教学中应充分体现体育教学的教育性，根据教学内容的特点，通过教与学的双边活动，对学生进行激发、诱导和感染，运用现代的教学思想和教学形式、方法，培养学生意志品质、个性等，通过优美的示范及音像教学片的欣赏，使学生对内在的美有深刻的体会，在知、情、意、美、行上全面发展，实现教学目标。

（2）教学形式多样化，由讲授转为引导。学生是学习的主体，调动学生学习的积极性是教学成功的关键。因此，在学校体育教学形式上教师应打破过去那种注入式、照本宣科的讲授形式。教学形式要多样化，对学生要善于引导，给他们自己锻炼的机会，通过“导学”“导练”“导规”等方法引导学生的体育学习方向，改变教学中“我要学生练”的教师强制和“教师要我练”的学生为客体的被动倾向，形成学生“我要练”的主动体育学习观念。

无论是掌握知识还是发展智力，除了需要外因——教师的有效指导外，更要通过内因——学生的积极思维才能实现。教学中教师的引导作用不仅要体现在教学活动中，更应体现在如何调动学生学习的积极性和培养学生思维能力上，要给学生提供更多的时间来思考和练习。传统的教学以课堂为中心，教材、进度、方法同一，把教学活动拘泥于狭小的天地里，学用脱节，不利于培养学生的主动性、创造性。因此，要扩大教学领域，积极开展第二课堂建设，使之成为教学内容的一部分，利用第二课堂组织各种形式的锻炼，开展各种课外竞赛活动。

（二）和谐的氛围是互动教学的基石

和谐的氛围并不意味着上课不需要严肃，其是建立在有组织性、纪律性的课堂基础之上的。更好地完成教学任务取决于和谐的氛围，因此教师要努力创造和谐的课堂氛围，使学生更好地感受每节体育课。一个良好的师生关系，是建立在和谐的前提下的，所以教师要创造一个良好的课堂氛围。教育心理学研究表明：不断发生着微妙的情感交流的教师和学生之间，学生的情绪是伴随着整个教育的各个阶段的。教师在教学过程中的言谈举止将直接影响课堂气氛的和谐程度。哪怕对一个练习动作失败的学生，教师都必须用温柔的眼神，鼓励的言语，鼓励他们，帮助他们，让他们找到自己的优点，帮助他们树立自信心，提高学生的满意度，以提高教学效果。

（三）构建民主、平等、和谐的师生关系

在教学中，教师和学生是构成课堂环境的重要因素，是构成课堂活动的主体。教学活动中的人际关系主要有两种：一是师生关系，二是生生关系。教学过程就是一种人际交往活动的互动过程，在师生展开交往的过程中，交往的双方都是具有独立人格的自由主体。学生是主体，是教学活动的参与者，与教师配合进行教学活动的参与。而教师在教学中不仅是“所有课堂参与者之间以及这些参与者与教学内容之间各种活动的促进者”，他们还是教学过程的组织者、引导者、参与者、评价者、服务者。因此，师生双方是在道德平等的基础上合作，共同以主人的身份来完成教学的。这样就把大学生群体真正纳入一种民主、平等、理解、双向的师生关系中。在这种关系中，大学生可以积极地参与教学活动，也在教师的尊重、信任中全面发展自我，获得成就与价值的体验，并感受心灵成长的愉悦。因此，在教学交往中，体育教师要积极地创设这种民主平等的师生交往和生生交往情境，使大学生更多地体验到平等、自由、民主、尊重、信

任、友善、宽容、理解、亲情和友爱，同时受到鼓舞、感动、激励、鞭策，得到指导和建议，从而形成健康、积极、丰富、向上的情感体验、人生态度和价值观。

（四）实现大学生的主体地位

创新能使人快乐，求美能使人愉悦。体育教师要特别重视培养大学生的科学设计、组织练习的能力，在课堂教学中要给学生一个自由选择的余地，鼓励他们利用已有的体育知识去解决实际的问题，鼓励他们大胆探索，勇于实践。随着学生知识、技能的不断增长和身体素质的提高，他们独立学习的能力，分析问题、解决问题的能力较之以往会有很大的提高。因此，在新课改精神指导下，要实现大学生的主体地位，让大学生参考教材或教师提供的练习方法进行练习，也可以自己设计练习方法，充分发挥他们的主观能动性，诱导和启发学生积极参与教学活动，体现以学生为主体，教师为主导的教学思想，这样不仅可以满足大学生渴望自由运动的要求，而且可以充分发挥他们的想象力和创新能力，在这种诱发力的推动下就会形成“情景—教师—学生”多项折射的和谐气氛，使他们乐学、愿学、会学，达到自我实现的目的。

（五）在分层教学中开展形式多样的体育教学方法

在制定了体育教学目标和选择了体育教学内容以后，必须采用合理的教学方法才能把教学内容传递给学生。不同的教学方法的选择，主要依据学生个性差异，不同的学生拥有不同的个性，也拥有不同的世界观和人生观，所以同一种教学方法并不一定适用于所有学生。在体育教学中应该综合运用多种教学方法和手段，对有的学生可能动作示范要多一些，而对另一些学生讲解要多一些。只有根据学生的差异，采取不同的教学方法才能达到事半功倍的效果。这对体育目标的实现，对学生体育知识的提高都是很重要的。而且，只有这样才能让学生不害怕上体育课，才能让学生对体育课产生兴趣。实际上，不同教学方法的选择，也是对学生主体性的肯定，只有尊重学生的差异，正视学生的差异，并且对学生的差异采取行之有效的教学方法才能够使学生的个性得到发展，这同样也是教育公平的要求，对学生形成终身体育观念也是有重要作用的。

（六）在体育课堂教学中教师还应注意以下几方面的问题

（1）确保合作的时间和空间。在教学过程中，我们经常会遇到教师或学生提出的问题，如果为赶时间急着让几个突出生回答，就会剥夺大部分学生思考的时间，使他们参与教学活动的积极性、主动性受挫。在教学中，应给予大部分学生足够的思考、合作时间，重视生生互动，只有保证合作的时间，学生才有机会互相切磋、共同提高，学生的主体性才能得到体现，学生才会产生求知欲望，把学习当作乐趣，最终进入学会、会学和乐学的境界。只有保证合作的时间和空间，才能保证合作的质量，真正体现合作学习的作用。

（2）必须重视互动教学。学生应摆脱对教师的依赖，独立开展学习活动，自行解决现有发展区的问题。但他们不能离开教师的指导，不能一谈互动教学，就忽视教师的指导作用。教师要对学生进行学习目的性的超前教育，学习兴趣、学习目标的超前诱导，学习习惯的超前培养。教师的指导要有针对性，必须根据学生学习中提出和存在的问题进行教学。教师要以学导教，确定导学导练的重点，把学生提出的有价值的，体现教材重点、难点的问题，加以梳理，形成几个重点问题，引导学生在学、思、议的过程中逐一加以解决。教学中，只有充分发挥学生的主体作用，大胆放手让学生自主学习，又重视了教师的主导作用，学生才会爱学、乐学、会学，真正学会学习。

（3）提供自主学习的环境。教师在体育课中要适时地、有计划地安排一定的自主学习的时间，要给学生选择的权力和尽可能多的选择余地，允许学生自由练习与思考，允许学生标新立异。切忌用集体的目标和方法取代学生个体对目标和方法的选择，应倡导每个学生从自己的实际出发，依据集体的目标来确定其个体目标和选择方法。如“踏石过河”游戏，教师只需规定条件，三块石头；提出要求，安全快速过河。至于采用何种方法，哪种方式，由学生自己去实践去决定。要允许学生自由选择学习伙伴，学生自己找的伙伴，大家之间志趣相投，关系密切，能互相容忍，可以促进学生自发、自主地学习。

无论何种教学方法都要以提高教学质量，增强学生体质，更好地促进学生的身心健康为主要发展方向。互动教学是一种更注重学生心理环境、更民主、更自由平等的教学方法，它对教师的教育理念、素质、教学水平均提出了更高、更严格的要求。互动教学不是一种简单的提问与回答，而是通过多种互动方式从本质上激活学生思路，讲究技术与艺术的一种教学理念。幽默的教学方式能活跃课堂气氛、增加学生的学习热情、收到更好的教学效果，也能更好地实施互动。

二、合作学习模式在高校体育舞蹈教学中的运用

高校教育越来越注重学生综合素质的发展，提高学生身体素质成为很多高校教学改革的重要目标。高校体育课程作为提高学生身体素质的重要途径之一，

必须引起重视，很多学生对体育教育的现有课程不感兴趣，而体育舞蹈的加入大大激发了学生学习的积极性，传统的教学模式也已经不能适应当前时代的发展，合作学习模式应运而生。

（一）合作学习模式在体育舞蹈教学中的应用

体育舞蹈也称国际标准舞，是一项体育运动，也是一项新型的高校体育教学内容。在体育舞蹈的教学过程中应用合作学习模式具有重要意义。合作学习主要指通过合作，互相帮助、共同提高等方式进行学习，比传统的教学方式更加具有趣味性，在体育舞蹈教学中学生可以获得更难忘的学习体验。第一，体育舞蹈常常需要很多学生合作完成，这就对每个人的熟练程度和配合默契程度提出了要求；第二，在训练和学习中大家相互交流，共同探讨，这不仅提高了学生的团队合作能力，更是为今后步入社会打下了一定的基础。

体育教学运用合作学习模式，学生被分成若干小组，要保证每个学生的参与度，让学生自己认识到自己的重要性，即让学生认识到自己是团体的一分子，自己的每个表现都会影响到其他小组成员的成绩。每个学生都要意识到自己的责任，主动对团队负责，对于教师教授的每一个体育舞蹈动作都抱着谨慎的态度认真学习，每个动作都保证它的完成质量。每一位成员都要认真履行自己的学习任务，还要共同学习必要的理论知识，通过合作交流，互相探讨来提高自己的学习质量。在合作学习的过程中每个同学必须树立合作意识，在一个团体中，每个同学都要互帮互助，在学习中遇到困难时也可以向小组其他成员请求帮助，请求他人给予指导。小组成员之间要相互指点，互提意见，共同进步，每个成员都要秉持三人行必有我师的态度，善于向他人学习，找到正确的学习方法，达到体育舞蹈的美和协调等要求。通过合作式学习，每个小组成员之间可以取长补短，快速找到自己在学习过程中的问题所在，并且让问题得到及时纠正，为今后更深入的学习体育舞蹈做准备。

（二）合作学习模式在体育舞蹈教学过程中遇到的问题

1. 学生缺少合作意识

学生步入大学校园后追求个性发展，缺少合作学习的意识与积极性，将学生分配到各自的小组后，真正参与到小组活动的学生很少，绝大多数的学生在完成教师布置的学习任务时倾向于自主学习。除非一些必须由小组合作的舞蹈动作需要完成时才会选择合作，并且在整个学习的过程中交流互动很少，在体育舞蹈的学习过程中小组存在的意义不大，自然教学成果也就不甚理想。例如，华尔兹舞蹈学习的过程中，需要两个人一组，每组一男一女，男女舞步不同，华尔兹的学习需要男女配合完成，男生女生之间也要通过交流合作提高默契，除了需要掌握必要的理论知识，还要找到正确的学习方法，正确掌握每个舞蹈动作的要领。可是现实的情况却是，学生往往是局限于两个人之间的交流探讨，很少是每个成员都参与进来的全组讨论，这大大影响了学生的学习效果。

2. 合作教学模式本身存在的不足

教师将学生分组后往往要求小组合作共同完成学习任务，分组没有依据，常以简单容易执行为原则，最多只是依据平时对学生学习程度的大致了解，尽量做到将不同程度的、可以相互学习借鉴或者关系较好的几个同学分配到一组，但是在现实的操作过程中，因为不同院系专业男女比例不同，男女两两一组都很难做到。在教学实践中，工科、理科类专业女生紧缺，语言类专业中女生多但男生又很少，这就给实践中男女分组带来了很大的难度，很容易产生男生补全女生的位置或者女生补全男生位置的情况。

（三）改进合作学习模式实际应用的措施

1. 形成合理的合作模式

小组的构建要合理。一般的课堂分组人数要适当，不宜过多或过少，4 到 6 人较为合适，合理的人数设置可以使每个成员都有表达的机会，意见分歧也不会过多。而体育舞蹈的分组一般是两个人，两人一组保障了排练能够有效进行而不用顾虑太多人的空闲时间。另外，分组的方式也要合理。个人意愿作为最重要的考虑条件之一，其他条件作为调整的考虑因素，教师教学和验收成果时最好以小组为单位，而且最好保证不同小组间有着相似的水平，这样有利于组内学习和组外的相互借鉴。再者，合作模式的构建必须注意它的可实现性。在教学过程中，教师教授要认真耐心，给学生留下的练习时间也要足够，要制定详细的评价标准和最终目标，并且保证定期指导和抽查。

2. 改变学生的观念意识

通过宣传教育从意识上改变学生对传统观念的认知，提高课堂效率，注重方法的传授。体育舞蹈的难度相对于普通体育项目难度较大，首先要求学生掌握必要的理论知识，其次要求学生的身体协调能力要高，最终以提高学生综合能力为目的。学习过程要求他人配合，最好有小组之间的交流讨论，仅仅靠课堂练习，学生不能够完美掌握体育舞蹈的技巧，所以小组的配合学习将发挥重要作用。首先需要让学生认识到小组合作学习的重要性，并积极参与到小组学习当中，引导学生看到小组合作的优越性。其次如何合作学习需要教师的指导，学生之间相互熟络需要一定的时间，不敢交流不会交流容易影响学习质量。教师要作为媒介让学生尽快互相认识，分组后能够讨论合作，引导学生认识到小组之间并非竞争关系，而是相互学习借鉴的伙伴关系。

体育舞蹈具有美感和趣味性，在提高学生的身体素质的同时也使学生获得身心的愉悦，更能舒缓学生的情绪，适当减轻学生的压力。在合作学习这一模式的实践中，在新模式应用的同时，也要配合传统教学模式，注重基本功教学。在体育教学方面形成一套完善的合作学习模式，对其他学科来说也具有一定借鉴价值。

三、分层施教模式在高校体育教学中的运用

为更好地贯彻素质教育，保障每个学生的综合全面发展，在高校的体育教学中有必要采用分层教学模式，因材施教，提升学生的身体素质，发挥学生的主体作用。下面阐述了分层教学的概念，并在此基础上对分层施教模式在高校体育教学中的意义和运用进行了研究。

（一）分层教学的概念

学生的智力水平、理解水平、接受程度、心理素质等存在着差异，采用“一刀切”的教学模式，素质水平高的学生得不到更好的提高和发展，素质水平较低的学生也不能有效地掌握所学的知识。分层教学法是针对学生的差异，对学生进行分组，教师根据每组学生的具体情况，有针对性地实施教学，从而达到不同层次教学目标的一种教学方法。分层教学法分为以下四个环节。（1）学生编组。学生编组是实施分层教学的基础，根据学生的基础水平、接受程度、心理素质等，将学生进行编组，一组是按课程标准的基础要求进行教学，一组是按略高于课程标准的基本要求进行教学，另外一组是按较高的要求进行教学。当然，分组要根据学生的学习程度、理解程度等随时进行调整与变化。（2）分层备课。分层备课是实施分层教学的前提。教师要对教材进行深入的学习与研究，并归纳哪些是需要掌握的基本内容、哪些是略高于课程标准基本要求的内容、哪些是具有较高的学习要求的内容，从而更有针对性地进行教学。教师要根据学生层次的划分把握好授课的起点，处理好知识的衔接，减小教学的坡度，让所有学生都能学习、都会学习。（3）分层授课。分层授课是实施分层教学的中心环节。教师要以学生为主体，根据学生层次的划分把握好教学内容，保证分层教学目标的实现。（4）分类指导。分类指导是实施分层教学

的关键。教师在教学过程中要因材施教，根据每个层次学生不同的素质水平采取不同的指导方法，促进学生进步，使学生由低层次向高层次转化，从而达到整体优化的目标。

（二）分层施教模式应用于高校体育教学中的意义

1. 有利于学生个人素质的发展

高校体育教学中，大多数教师采用的是传统的“一言堂”的教学模式，所有学生的教学目标相同，素质较高的学生轻松地完成了教学内容，剩余时间或休息或自己进行更高要求的训练，由于没有教师科学合理地指导，学生提高较慢；而素质较低的学生，接受较慢，训练起来也较为困难，在短时间内很难完成教学目标。分层施教，根据学生的层次不同，制定不同的教学目标与教学任务，有针对性地对学生进行指导，素质较高的学生得到更大的提升，素质较低的学生也能够完成教学内容与要求，实现学生的个体差异化发展，促进学生身体素质的提升，推进高校体育教学的改革与进步。

2. 有利于提升教师的专业素质水平

高校传统的体育教学中，每节课教师采用的都是一种教学方法、一样的教学目标，教师的专业素质水平很难得到提升。分层施教模式要求教师根据学生层次水平，采取不同的教学目标、教学内容及教学方法，这就要求教师要深挖教材，并根据教学目标的不同，灵活地制定不同层次的教学策略。这给教师的教学任务带来了新的挑战和压力，极大地锻炼了教师的组织调控和随机应变能力，增强了教师的专业素养，提升了教师的专业素质水平，促进了教师个人能力的进一步提升。

3. 有利于学生积极性的调动

高校传统的体育教学中，教师对体育教学内容“一对多”进行讲解，学生进行练习提升。传统的体育教学模式单调、枯燥。素质较高的学生很快掌握了所学内容，剩下的时间或休息或进行其他的体育项目，素质低的学生由于难以掌握所学内容，缺乏合理的指导，自信心受挫，逐渐对体育运动失去了兴趣。这很不利于学生身体素质的提升，也不利于学生培养终身体育的理念。分层施教模式根据学生水平的不同进行分组教学，学生得到了有针对性的指导，能够较快地掌握了所学内容，增强了学生的自信心，调动了学生的积极性，学生会更主动地参与到体育运动中来，从而提高了学生的身体素质，促进了学生的全面发展。

4. 充分发挥了学生的主体作用

传统的体育教学中，以教师为主导，学生按照教师的要求对体育项目进行练习，师生之间、学生之间沟通较少，学生只是一味地进行体育项目的练习，很少发挥自己的主观能动性。分层教学模式下，教师要根据学生的分组情况采取不同的教学目标及教学内容，教师也可与学生进行沟通，让学生参与到教学内容的制订中来，学生根据自己的实际情况，选择相应的目标及内容，从而培养学生独立思考的能力和探索问题的创新精神，充分发挥学生的主体作用，调动学生的积极性，培养学生终身体育的意识，促进学生综合素质的提高。

5. 有利于建立良好的师生关系

高校传统体育教学中，学生只是被动地按照教师的要求进行练习，师生之间沟通较少，学生对教师也是敬而远之。分层施教模式下，教师要鼓励学生根据自身的实际情况，探索适合自己的锻炼内容与目标，学生与教师之间正面交流增多，有利于建立良好的师生关系，营造和谐的课堂氛围，从而提高学生的身体素质，促进高校体育教学的改革与发展。

（三）分层施教模式在高校体育教学中的运用

1. 充分了解学生的体育水平，进行合理分层

高校在实施分层教学过程中，教师要对每一名学生的资料进行研究分析，了解学生的个人身体素质、体育素质、兴趣爱好、性格特征等，与学生进行面谈沟通，并通过体育素质摸底考查等，充分了解每一个学生的身体素质水平，结合学生的实际情况进行科学合理的分组。教师可根据学生的个体差异，将学生分为三组，一组为体育素质水平较高的学生，一组为体育素质水平中等的学生，一组为体育素质水平较差的学生，并根据每组学生的个体差异，制定与之相适应的教学目标等。

2. 制定科学的分层目标、确定分层内容及分层作业

实施分层教学模式后，高校要摒弃传统的“一刀切”的教学模式，要根据每组学生的实际情况，制定科学合理的分层目标、确定分层内容及分层作业。对于体育素质水平较高的学生，要制定较高的教学目标，除完成基本的教学内容外，还可以拓展其他技能，布置作业时主要以所学技术的实践应用为主；对于体育素质水平中等的学生，以更好地掌握教学内容为目标，布置作业时以熟练掌握所学技能为主；对于体育素质水平较差的学生，以掌握基本的教学内容为目标，布置作业也已掌握所学技能为主，同时要鼓励体育素质水平较差的学

生，熟练掌握所学技能，并向高层次努力。这样实现了差异化教学，增强了学生的自信心，提升了学生的身体素质，促进了学生综合全面的发展。

3. 实施评价分层，制定促进学生全面发展的评价目标

分层施教模式由于教学目标及教学内容的分层，学生评价也应当实施分层。评价结果可根据学生的考勤情况、体育技能的提升情况、参加锻炼情况等得出。不同层次的学生教学目标及内容不同，对学生评价应注重学生不同程度的进步与学生不同的体育素质的提高，教师应当重点关注学生的努力，满足学生的心理需要，增强学生的自信心，进行科学合理的评价，以促进学生全面发展为评价目标，调动学生的积极性，培养学生的体育热情。

4. 高校实施分层教学时，应采用多样化的教学模式

高校在实施分层教学时，应充分发挥学生的主体作用，让学生参与到教学目标的制定及教学内容的确定中来，培养学生独立思考的能力及探索问题的创新精神，学生结合自己的实际情况，确定与之相适应的教学内容，发挥了学生的主观能动性，调动了学生锻炼学习的积极性，增强了学生的体育兴趣。采用多样化的教学模式，能够激发学生参与体育运动的动机，有利于分层施教的正常开展，以提升学生的身体素质，促进学生的全面发展，同时也有利于实现素质教育的目标。

5. 分层施教时，要及时调整分层的教育状态

高校体育教学在实施分层施教时，学生的体育素质水平得到了不同程度的提高。学生存在着个体的差异，有的学生提高较快，有的学生提高较慢，这就导致了同一组的学生出现了体育素质水平差距较大的现象。教师要勤于观察、善于发现，并对分层情况及时进行调整，以便更好地促进学生的发展，充分发挥学生的潜能，使学生得到更好的优化，从而培养学生的体育兴趣，提高学生的身体素质水平，促进学生全面综合的发展。

6. 分层施教时，要加强学生的心理疏导

分层施教是根据学生的层次水平的不同进行分组的，这并不等同于传统的优良差生的区分，只是换种方式使学生得到更好的提升与进步，形式上不存在优劣之分。但受传统观念的影响，低层次的学生易产生自卑心理，认为自己不如别人，从而失去体育锻炼的热情。因此，教师要加强对学生的心理疏导，强调学生的进步是评价的标准，增强学生的自信心，调动学生的积极性，让学生快乐地参与到体育锻炼中来。

分层施教是实现我国素质教育目标的重要手段。高校体育教学实施分层教学有利于学生个人素质的发展、提升教师的专业素质水平、调动学生的积极性、发挥学生的主体作用、建立良好的师生关系等。因此，高校的体育教学应普及分层教学法。教师在应用分层教学法时应充分了解学生的体育水平，进行合理分层；制定科学的分层目标、确定分层内容及分层作业；实施评价分层，制定促进学生全面发展的评价目标；应采用多样化的教学模式；要及时调整分层的教育状态；要加强学生的心理疏导。从而更好地促进学生的综合全面发展，推动我国体育教学的改革与进步。

四、高校体育教学中“协同教学”模式的运用

在传统的教学中，教师只能按照大多数学生看法和特点进行整体教学，对于班级中的一些体质较差的学生教师很多时候不能全面顾及。这样的教学方式就会让学生的成绩出现参差不齐的现象。通过新型教学模式的引进，让学生认识到自身的不足，看到他人身上的闪光点，进而相互学习、取长补短，全方位提高学生的学习效果，从而提高学生的身体素质。

（一）协同教学的含义和特点

1. 协同教学的内在含义

协同教学，顾名思义就是由两个或两个以上的教师及教学辅助人员以一种专业关系，组成教学团队，彼此分工合作，共同策划和执行某一单元、某一领域或主体教学活动的一种教学方式。利用这种新型的教学方式，可以较大程度地解决体育课堂中学生体育成绩参差不齐的问题，让学生与学生、学生与教师之间可以进行合作式学习，进而发挥“协同教学”在体育课堂中的重要作用。

2. 协同教学的特点

在传统的教学中，很多教师很多时候都在进行整体的体育教学。这样的教学方式便会导致班级中一些体能较差的学生体育成绩不理想，一定程度上降低了这些学生对体育知识与技能的学习兴趣。在现阶段的高校体育教学中，教师大力引进“协同教学”模式来教育学生，让学生与教师之间可以进行良好的互动。教师在教学的过程中要深入了解每一位学生的体育状况和身体素质，进而根据学生的特点进行因材施教。协同教学最重要的特点就是打破了传统教学模式，利用教师和学生的体育特点进行合理的小组“协作教学”，进而充分发挥高校学生的团队精神。

（二）高校体育教学中“协同教学”模式的运用

1. 教学团队的组建

“协同教学”模式运用时最重要的是教学团队的组建。在现阶段的高效性体育教学中大力引进“协同教学”的教学模式，可以一定程度上改变现阶段课堂中存在的问题。在教学的过程中教师主要培养学生自主学习的能力，让学生在自主学习的过程中打破固有的思维模式，因此教师在教学的过程中要建立一个良好的教学团队。教师在建立团队的过程中要将体育兴趣爱好相同的学生分配到一个团队中进行自主学习。例如，教师在进行组建团队的过程中可以将喜欢打篮球的男生组建到一个篮球队中，根据男生的兴趣爱好和体育能力来进行合理的分组，可以将女生组建成一个啦啦队，为男生加油打气。这样的教学模式便可以一定程度上顾全大多数的学生。教师在进行成员分配的时候不能只单方面考虑学生的兴趣，成员的优势和劣势互补也是教师应该看重的一点。

2. 共同制定计划并协作实施

在制定计划的过程中，不仅需要教师与学生之间的相互合作，还需要几位体育教师的共同参与。从教师到学生每个成员都可以发表自己的观点，主要探讨的内容在于：学生的需求评估、学生的目标设计和教学方法设计等几个方面，对于团队成员中每个角色、每个任务教师都要进行一系列的探讨，找出合适的方式对教学内容进行整体设计。无论是教学内容，还是教学方式，都是由教师和学生一起进行创新、共同开展的，在做出计划之后教师和学生便要进行计划的实施。

3. 持续地沟通和反馈

在进行教学的过程中，教师与学生要根据“协同教学”模式不断地实践、不断地进行沟通。确保每个成员都可以慢慢地接受这种新型的教学模式。在教学过程中一旦出现问题，教师便要对教学模式及时做出调整，妥善地处理好教师与学生之间的关系，进而引导教师做出正确的教学决策。在运用“协同教学”模式的过程中，学生和教师都要对教学效果进行及时的反馈，以免在教学过程中出现一些教学问题，导致学生不能更好地进行体育锻炼。

综上所述，随着教学模式的不断改革，传统的体育教学模式已经无法满足当代高校学生的学习需要。因此，在现阶段的高校体育教学中，教师应大力引进新型的教学模式即“协同教学”模式。对于高校学生来说，很多学生为了日后可以找到一个好工作，大多时候将学习重点放在专业知识的学习上。这就会在一定程度上降低学生的身体素质，学生一味地在教室中进行学习，没有进行体育运动，时间长了学生的身体素质就会一定程度上慢慢降低。因此，体育教师在教学的过程中一定要转变学生的这种观念，让学生走出教室、走进操场进行一系列的体育运动，教师也要找到正确的教学方式，进而为社会培养更多的高素质人才。

五、“互联网+”视域下混合教学模式在高校体育教学中的运用

通过调查了解到，现阶段混合式教学模式尽管在高校体育教学中逐步实施，但在实践过程中，还有诸多问题存在。需要教师在今后的工作实践中，不断探索混合式教学模式的运用方法。教师应与体育教学内容相结合，合理分析和研究学生自身的特点和学习水平，开展有针对性的教学。通过对现代化教学技术的积极运用，进一步提高学生的体育水平，对学生未来的发展，发挥积极的推动作用。

（一）高校体育教学中的“互联网+”影响

1. 从封闭走向开放：对体育教学生态的冲击

传统的教学活动是在学校这个封闭的空间内开展的，是在学校这个实体之上开展的对教育的认知。“互联网+”将传统学校教育模式打破，并由此催生了可汗学院、慕课等新型的网络课程，将更加优质的教育服务提供给广大师生。“互联网+”下的教学是一种开放式教学，即融合现实与虚拟，线上与线下。由于改变了教育形态，因而改变了教学生态。体育教学在互联网支持下，打破了“在场有效性”的壁垒。学生通过网络，能对体育经验进行分享，对体育技能进行学习，体育教学活动实现了课内外一体化。而不断变化的教学环境，对教学生态系统中的其他要素也产生了不同程度的影响，由此学生具有了更加多元化的获取知识的渠道，师生的交流方式从面对面变为线上线下交互并存。

2. 从单一走向多元：对体育学习方式的冲击

传统教学模式下，课堂为主要的学习地点，学生模仿教师的过程就是体育教学的过程。而“互联网+”将这种限制突破，因为拥有便捷和丰富的网络资源，学生获取知识不再只是通过教师传授。学生的体育学习可以不受时空的限制，既可以在课堂上，也可以在网络上，可随时随地地开展学习。由此学生的学习行为、学习方式发生了巨大变化。随着泛在计算技术和移动计算技术的快速发展，创新学习方式不断衍生出来。尤其是全面覆盖的无线网络和广泛普及

的以手机为代表的移动终端设备，能帮助学生快速获取知识。

3. 从灌输走向互动：对体育教学方式的冲击

在传统的体育教学中，教师拥有绝对的权威，是知识的主要传递者。而学生作为客体，只能被动地接受知识，教学采用灌输式。互联网时代的到来，网络开始向社会公众开放海量的信息资源。教师不再是知识唯一拥有者，互联网将教师的知识垄断打破。“教”不再是“学”的唯一渠道，学生由知识的被动接受者向主动建构者转变。教学重心由“重教”向“重学”转变，并且由教师灌输向师生互动转变。

（二）“互联网 +”背景下高校体育教学应用混合教学模式的意义

1. 增强学生的体质，促进学生个性化发展

混合教学模式指通过融合网络与实际教学，将正确的运动观念向学生传达，在增强学生身体素质的同时，还能使学生具备良好的道德素质和心理素质，最终提升学生自身的综合素质。学生可与自身的兴趣与爱好相结合，教师通过应用混合式教学模式，使学生对体育知识有选择地学习，促进学生个性化发展。

2. 推动体育教学的深入开展

混合教学模式主要是有机地融合“线上”教学模式与“线下”教学模式。新形势下，高校的教育目标就是立德树人。为此实施混合教学模式，通过结合线上与线下，理论与实践，学生的自主学习和课堂教学，对体育教学机制不断完善，由此对深入开展体育教学，发挥积极的推动作用。

（三）“互联网 +”背景下高校体育教学应用混合教学模式存在的问题

（1）重视程度不够。尽管目前大部分高校都对混合式教学模式进行了运用，却没有得到管理人员的高度重视。在资源、人力和物力方面，他们不愿投入太多，导致了混合式教学模式物质基础的匮乏。

（2）缺乏健全的应用机制。为了更好地运用混合教学模式，高校必须对现有的应用机制进行改善。现阶段一些高校混合教学模式的机制尚未建立起来，使之具有较差的应用效果。究其原因，一些教师并没有掌握混合式教学的运用方法，不能有效落实混合式教学模式，使之更多停留在书面上。

（3）缺乏完善的融合体系。为了提高高校体育教学质量，就必须将“线上”

与“线下”教育的协同作用充分发挥出来。而纵观现阶段高校的应用现状，教师在教学过程中，未能紧密联系线上与线下教学。在实施线上教学时，没有对多媒体设备充分运用，也未能详细讲解部分重点问题，白白浪费了学校所投入的资源。另外，尽管有一些教师也在应用网络教学，却未能对学生的学习进行及时的评价和正确的指导，没有及时搜集学生的反馈信息，使教育部门不能及时完善教学体系。

（四）“互联网 +”背景下高校体育教学有效应用混合教学模式的策略

1. 创新混合教学理念

行动的先导，就是理念，新形势下，人们越来越重视“互联网 + 教育”模式，高校体育教学已步入了新的发展阶段，而如何创新和改革混合式教学模式，是目前亟待解决的重要课题。高校在开展体育教学的过程中，在教学体系中需要纳入混合式教学模式。由于混合式教学模式的系统性极强，所以在具体的实施过程中，需要不断创新混合式教学理念，将其作为重要的战略性举措，助推高校体育教学改革的发展。为此，学校要加大投入力度，完善相关硬件和软件设施建设。同时，为了更好地应用和推广混合式教学模式，应积极引导教师加强研究和学习。通过混合式教学模式的运用，促进学生的全面发展。同时，高校体育教学中还应打造一支高素质的教师队伍，其能对混合式教学平台熟练掌握和运用。在体育教学中，教师应帮助学生运用移动终端，对相关知识进行学习。

2. 打造混合教学平台

对“互联网 +”平台的有效运用，是开展混合教学模式的前提和基础。首先，在具体的应用过程中，高校可对与“互联网 +”相关的“线上”学习平台、APP 平台、网络平台进行构建，使之更加系统和完善。其次，还要对混合教学平台的创新性建设高度重视，深入调查和分析学生的学习需求，与学生的实际情况相结合，紧密结合混合教学模式，不断创新教学方法。作为一种新型的教学模式，在教学过程中，教师运用混合式教学模式，围绕教学内容，在短时间内，通过信息化技术手段，组织和开展一系列教学活动。教师还可利用网络这个载体，围绕教学中的某个知识点或某个环节，在实际教学过程中，创建情景化的教学模式，最终促进教学目标的实现。同时，教师在教学过程中，还可运用慕课的教学方式，为学生的学习提供便利，以不断提高学生的体育水平。

3. 完善混合教学体系

首先，确保混合教学模式取得良好的成效的重要保障，就是对混合教学体系的健全和完善。在实施高校体育教学混合教学模式的过程中，需要对混合教学体系建设高度重视，使之向着持续化和规范化的轨道发展。为此，需要将“线上”与“线下”的关系处理好，高度融合互联网与传统的课堂教学。对于“线上”教学而言，需要对理论教学高度重视；将混合教学的多元化支撑功能充分发挥出来。其次，高校要加大力度，切实研究混合教学模式，并且要构建相应的教学制度，能有效延伸和拓展已经取得良好成效的混合式教学模式。最后，教师在运用混合教学模式的过程中，也要不断创新自身的教学体系。例如，通过有效融合混合式教学模式与微课教学、多媒体教学，形成更具有针对性的教学体系；教师可以通过录制微课视频，汇集一些重点和难点问题，学生通过线上方式自主学习，使学生学习成效达到最佳。

近年来，混合式教学模式的运用越来越广泛，但同时也暴露出很多需要解决的问题。为此，需要高校持之以恒的探索和实践，营造良好的环境，为混合式教学的实施提供保障。同时，教师还应不断加强自身的学习，对教学战略深入研究，转变传统的教育理念，提升对混合式教学模式的重视程度。不断完善和创新混合式教学模式，实现与现代化高校体育教学的无缝对接，由此对“互联网 + 教育”高校体育教育事业的发展，奠定牢固的基础。

六、多元化教学模式在高校体育篮球教学中的运用

篮球是大众所热爱的基础性体育运动之一，篮球运动不但能提高人的身体素质还能使人的心理更加的健康。在素质教育背景下，高校不仅对学生的学习状况进行关注，对学生的身体素质和心理素质以及其他各方面的能力也越发的重视起来。高校体育教师应根据各班的情况来开展教学，使学生的篮球技巧得到提高，能够更好地“玩转”篮球这项运动。篮球这项运动已经在我国发展了很多年，我国也涌现出了一批篮球健儿，如姚明。很多学生由于高考竞争激烈而熬夜学习，同时又缺乏锻炼，这些过早消耗了他们的身体。所以，等他们升入大学后很多大学生的身体素质不是特别好，大学生是国家未来发展的储备力量，体育教师应通过增加大学生的锻炼量来提高他们的身体素质。

（一）高校体育篮球教学中现存的问题分析

1. 教学形式单一，学生兴趣不足

在传统的篮球教学活动中教授篮球的教师普遍偏重于篮球运动的技巧方面，一般是通过让学生重复性的模仿练习来对篮球运动的技巧进行掌握的，教师在一旁对学生运球动作中出现的错误进行纠正，学生在课堂上需要花费很长的时间对这些技巧动作进行重复性的学习和锻炼，时间一长学生没有了原来的兴致，只剩下了疲惫，学生的篮球运动效果自然就提不上去，甚至还会出现下降的情况。

2. 需求难以匹配，学生被动接受

多元化的篮球教学模式能够让学生学习篮球的压力被有效地减轻，而且篮球运动具有很强的娱乐性，它也是一种竞技性体育，能够在锻炼学生身体的同时对学生的精神进行愉悦，释放学生的压力，帮助学生提高自身的身体素质。但是，就我国目前的篮球教学来说，很多高校的教学方式还是比较单一的，与院校学生的实际学习能力和学习需求并不相匹配，体育教师在篮球教学过程中并没有将对教学活动的指导落到实处，这就导致学生的需求与教师的教学指导难以对接，学生在篮球技巧学习的过程中通常处于比较被动的状态，这对学生养成终身锻炼的好习惯是非常不利的，从而不利于篮球教学取得好的教学效果。

3. 评价体系匮乏，考评不够客观

科学合理的教学评价体系能够促进学生全面的发展，但是，现在大部分的高校篮球教学评价体系还是比较片面的，只在期中或者期末对学生的学习状况进行考评，然后依据学生的篮球成绩对学生的表现进行综合的判断。这与现代素质教学理念所提倡的客观公正不符，教师应对学生的综合素质、专业能力以及教学评价体系不健全的地方进行关注，否则会不利于学生综合素质和篮球技能水平的提高。

4. 水平参差不齐，体能是共性问题

目前我国最高水平的高校篮球联赛是中国大学生篮球联赛（CUBA），CUBA 自 1996 年创办至今，发展速度十分快，话题度和热度也日渐升高，尤其是优酷推出网络综艺节目《这！就是灌篮》后，众多 CUBA 球星组队参加，取得了不俗的成绩，使其受关注程度不亚于我国男子篮球职业联赛。但是在一些 CUBA 篮球比赛上，均不同程度上暴露出我国高校男篮队员体能水平不足的问题，这正极大地制约着我国篮球运动向更高水平发展。且经研究发现高校内举办的院级篮球赛、专业间篮球赛及班级篮球赛，普遍存在队员容易体力不支、产生肌肉痉挛、对抗后动作易变形等情况。因此，加强我国高校男子篮球队员、高校公共体育篮球课上学生的体能训练，对提高我国篮球整体运动水平具有极其重要的作用。

（二）多元化教学模式在高校体育篮球教学中的运用

1. 树立正确的教学理念，发挥信息技术的优势

结合国家对大学生提出的体质健康标准，高校公共体育课中必须加强学生的体能训练。高校体育教学的原则是“健康第一”和“终身体育”，高校体育课的目的在于增大学生的锻炼量、使学生的身体素质得到较好的锻炼，同时适度的体育锻炼也能帮助学生释放出心里的压力，让学生能够心情愉悦，心理素质能得到有效增强，帮助学生养成终身锻炼的意识。在篮球教学过程中需要教师树立正确的教学观念，让学生在学习好篮球技巧的同时感受篮球这项运动所释放出的魅力，在生活学习过程中保持积极乐观的心态。篮球教学基本上都在户外或者室内篮球场上进行，但是，教师在教学过程中不妨将多媒体技术应用到其中从而为学生营造良好的篮球技巧学习氛围。例如，在对三步上篮这项篮球技巧进行教学时，就可以运用多媒体设备先对三步上篮的动作技巧、弹跳技巧进行理论上的讲解，让学生反复观看 NBA 等篮球赛事的上篮技巧，使其在观看比赛的过程中对三步上篮这项技能进行掌握。

2. 尊重学生的个体差异，渗透团队合作的意识

学生在成长过程中家庭背景、生长环境、自身性格、智力、能力等多方面的因素会导致学生之间存在差异，在篮球教学过程中教师要尊重学生之间的差异，根据学生能力水平的不同因材施教，在教学过程中教师要注意和学生之间的互动交流，将每个学生学习篮球的潜力充分的挖掘出来。篮球是一项团体性活动，需要五名队员之间相互配合，要求队员之间应具有很强的团队意识。教师可以将五个学生分为一组，通过小组之间切磋来培养学生的团队意识，进而使篮球的教学效率得以有效的提升。

3. 体育教学需求提高，课堂内容加速更迭

课改之后，体育课堂原本传统的“基本知识、基本技术、基本技能”的授课内容已经被摒弃，现在的体育课主要对学生的认知、心理情感和行为表现能力有一定的要求。不论今后的课程会进行什么样的改革，高校的体育课都将受到一定程度的影响。随着我国经济实力、教育水平、综合国力的提升，现在的

竞技体育中有许多专业性的运动技能和训练方法能够被体育爱好者所模仿并掌握。与许多年前只能被专业运动员所掌握不同，现在的高校体育教学非常重视对学生的体能训练，普通的全日制本科生对个人的体能训练需求已能够得到满足，因此高校体育教师更应该加速自己课堂内容的更迭。

4. 构建多元化评价体系，促进学生的全面发展

传统的考评体系考评结果比较片面，因此需要构建多元化的考评体系对学生的素质进行综合性的评定。高校应建立教评与学生自评相结合的考评体系，使学生能够对自身存在的不足之处进行了解，为学生指明篮球学习的方向，提高学生的篮球素养。

综上所述，篮球作为全民热爱的体育项目之一，为篮球教学的展开奠定了良好的基础，为了能够在篮球教学过程取得良好的教学效果需要不断地对篮球教学方式进行创新。同时，教师在教学过程中应当树立正确的体育教学观念，要注意学生的身体素质、灵活度是不同的，不能一概而论，要努力激发学生对篮球这项运动的兴趣，从而使高校篮球教学效率能够得到切实的提高，学生的身体素质和心理素质能够得到有效的培养。

七、高校体育教学中俱乐部教学模式的引入和运用

大学生身体素质不高已经成为当下高校体育教学的最大障碍，甚至相关高强度的项目有的学生无法参加，这个现象引起了社会的广泛关注，因此，目前高校体育改革的指导思想为“健康第一”。在这个指导思想下，教师需要鼓励、引导学生积极自主参加运动、增强体质。培养学生自主运动的习惯不是一朝一夕之功，根据这个特点，高校体育教学中引入了俱乐部教学模式。

（一）在当下高校中引入俱乐部教学模式的实施情况

1. 简介高校体育俱乐部教学模式

顾名思义，高校体育俱乐部教学模式即模拟俱乐部的形式，让学生在教师的组织下按自己的意愿选择参加相关的体育运动项目。我国现阶段的俱乐部教学主要有两种形式，分别是课内教学、课外教学。其中，课内教学指在正常教育教学时间内，教师组织进行，即将俱乐部教学模式运用到课堂教学中去。课外教学指学生在课余时间，根据自己的意愿，或自主组织，或在学校以及相关学生社团的组织下进行自主锻炼。课内教学的最终目的是让学生对体育锻炼产生兴趣，从而积极自主地进行课外锻炼，同时，为课外锻炼打下良好的基础。

现阶段的体育俱乐部教学模式已经取得了较为良好的教学效果，这一教学模式值得推广。

2. 俱乐部教学模式的积极作用

不同于传统的体育教学，俱乐部教学模式是从学生自己的兴趣以及意愿出发的，众所周知，高校的教学有更大的自主性，学生的学习也有更大的灵活性，传统教育教学模式的灵活性较差，学生往往在课堂上很难对运动产生兴趣，而今的俱乐部教学模式可以将相同兴趣的学生放在同一个班集体内，让在该项目中专业性较强的教师对他们进行统一指导。这样，相同爱好的学生之间很容易产生共同话题，班级内部运动氛围会更加浓厚，从而让学生充分发挥其主观能动性。每个学生都有擅长的项目和不擅长的项目，这种教学模式在某个层面上来说也是因材施教，将学生加以分类，进行专项教学。除此之外，学校的硬件器材也难以满足每一位学生的需要，实施俱乐部教学模式可以在一定程度上减少学生使用器材的冲突，也方便器材管理者进行管理。

3. 俱乐部教学模式在实施过程中遇到的困难

俱乐部教学模式作为一种新的教育教学模式，其在起步阶段肯定会遇到各种问题。首要的问题就是师资力量，俱乐部教学模式需要教师具有较高的专业素养以及专项运动项目的素质，而调查显示，多数高校的体育教师整体年龄偏大，学历偏低，相关理论知识等较为薄弱，教师擅长的专项项目大多集中于几个传统项目，如田径、健美操、足球、篮球等。专修排球、网球、定向运动的教师相对来说数量较少。而这些教师还会因为硬件器材跟不上而难以开展正常的教学活动。其次是学生思想观念以及接受教育模式上的阻碍，在多年的传统教育下，大多数高校学生仍然保留着学习是为了考试的观念，在这种观念下，要让学生迈开腿、走出去进行锻炼是较为困难的，在没有考试的压力下，多数学生基本不会主动参加某种学习或者锻炼，而俱乐部教学模式要想顺利开展，在很大程度上还要依赖学生的自觉性。因此，在大一、大二两个年级的教学中，教师一定要注重对学生兴趣的培养，让学生养成良好的自主锻炼习惯，这样才能保证俱乐部教学模式的正常实施。

（二）将俱乐部教学模式应用于教学的措施

1. 从根本上改变体育教学的观念

高等院校的实力不仅仅体现在其科研能力的高低上，还应该体现在其对于人才的教育和培养上。而培养人才，除了要注重智力培养，还要注重身体素质上的加强。因此，高校必须重视体育教学，在体育设施以及器材上要加大购买与维护投入。除此之外，对于各种俱乐部的运营，高校也可以直接放手给学生，甚至让学生进行自主运营，实现资金的多渠道来源。在教育教学上，不仅要开设传统的如羽毛球、排球、篮球、乒乓球等项目，还要与时俱进，开设一些比较受学生欢迎的新型项目，例如，瑜伽、攀岩、射击等。这样才能充分激发学生的运动兴趣，从而提高其锻炼的积极性，使学生在新的尝试中发现自身更大的潜力。只有这样，俱乐部教学模式才能在最大程度上发挥其功效，让学生真正得到身体素质上的提高。

2. 使教学模式多元化

教学模式的单一性会导致学生学习兴趣不高，教学成效低下等问题。在俱乐部教学模式下，可以进行“一体化、分层次”教学。一体化指体育教育与其他教学一体化，避免学生的运动时间被其他专业课挤占，而分层次指不同水平、不同兴趣爱好的学生进行分类教学，将水平相近、爱好相同的学生分到同一个班级，从而方便教师进行分层次教学，发挥学生的特长。在教学之余，教师要善于发掘学生的优势，对突出的学生进行训练，从中选取大学生运动会中的小裁判员与教练员。扩大体育人才后备培养，为高校体育教育做出贡献。多元化的教学模式还可以增强体育教学的新颖性以及娱乐性，让学生养成健康的生活方式，从而提高学生进行终身锻炼的可能性。

3. 完善考核评价体系

现今的体育教学考核大多采取定量考核的方式，对学生的个体差异考虑不周。在素质教育理念中，学生的成绩不能仅仅依靠分数决定，还要多方位、全面地对学生进行综合素质的考核，如对学生运动的积极性、运动技能的提高速度等进行考核，帮助学生发现自己的潜在优势。因此，建立科学合理的考核评价体系就显得尤为重要，同时，合理的评价体系也能在一定程度上帮助学生树立运动的信心，提高学生运动的热情与积极性。

4. 对俱乐部的运作经营体系进行完善

俱乐部的开展，最终目标仍然是提高高校体育教学成效，对这一点教师一定要有充分认识，不能舍本求末。俱乐部在运营过程中，应当选拔专业素质过硬、交际能力较强的教师担任管理骨干，让每个俱乐部都有相关的责任人，分层次逐级管理，实现资源和人才的有效合理配置，合理规划学生的运动时间，对学校的硬件器材进行维护和管理，引导学生选择适合自己的运动项目，避免因学生的自主选择而出现某个项目选择人数过多的现象。在一阶段的俱乐部活动参与后，要组织学生进行反馈总结，并且为俱乐部更好的发展提出意见，方便教师进行不断完善，从而达到不断提高学生运动兴趣，提高学生身体素质的最终目的。

在现阶段，我国的俱乐部教学模式仍不够成熟，其实施过程也遇到了许多阻力，但这个模式的提出仍为高校体育教学解决了一些固有弊端，许多高校体育教师已经意识到当下教学模式的不足，并且开始积极改进。将俱乐部教学模式真正大规模引入高校体育教学还需要社会、学校与教师的共同努力。高校体育教学工作者要不断提高自身专业素养，加强理论知识学习，大力推广俱乐部教学模式。

第四章　高校体育教学设计改革

第一节　体育教学设计的基本理论

对体育教学设计的要素内容及撰写规范进行归纳和分析，得出体育教学设计包括指导思想、教材分析、学情分析、教学流程、场地器材、安全防范和课时计划等七个要素。

体育教学设计是体育教学工作的重要内容。高效的体育教学必然要求高质量的教学设计。但从当前的研究来看，一线体育教师的教学设计存在着一些问题，如基本要素不全、随意增减内容、撰写不规范、分析不深入、缺乏针对性等。这些问题都反映出一线体育教师理论水平不高、教学设计能力不足。本节在参考相关研究的基础上，深入分析体育教学设计的基本要素及各要素的撰写规范，以期为体育教师撰写规范的教学设计提供参考。

一、体育教学设计的概念

体育教学设计指为了达成一节体育课预期的教学目标，运用系统观点和方法，遵循教学过程的基本规律，对教学活动进行系统规划的过程。体育教学设计直接指向的是课堂，是对体育课堂教学的整体构思与具体规划，体育教学设计与教学计划是具体落实与宏观规划的关系，与课时计划是上下位概念的关系。体育教学设计涉及从内容选择到方法的选用、从学情分析到练习方式的安排、从场地的布局到教学的流程等一系列内容，实际上是要分析阐明教什么、为什么教、如何教等一系列教学基本问题。

二、体育教学设计的基本要素

长期以来，我们对教学设计概念存在认知不清的问题，在全国第八次新课改后，许多“新理论”不断涌现，令人应接不暇，直接导致了一线教师的教学设计模式不断出新，但参差不齐，甚至在全国性比赛中都存在此类问题。经过这些年的深入研究，体育教学设计基本要素基本固定了下来，一般认为体育教学设计包括指导思想、教材分析、学情分析、教学流程、场地器材、安全防范和课时计划等七个要素。其中，前六个要素是从总体上对体育课的构思与分析，通常以文字形式呈现，课时计划则是教学设计最核心的部分，是课堂教学实践的直接依据，一般以表格形式呈现。

三、体育教学设计的基本要素分析

（一）指导思想

指导思想看起来虚无缥缈，与教学实际没有密切的关系，它却起着导航的作用，是开展体育教学活动的依据。指导思想一般都会陈列在体育教学设计的首位。其撰写要求为站位高、引领强、有针对性。指导思想可分为宏观、中观和微观三个层次：立德树人、全面发展等属于宏观层次的提法；课程标准、课程目标等属于中观层次的提法；运用有球练习提高学生的足球球感、运用丰富多彩的教学手段促进学生蹲踞式跳远技术的提高等属于微观层面的提法。

（二）教材分析

教材是教学的载体，离开了教材，教学就无从谈起。新课改要求将教教材改为用教材教，即要树立教材是为学生发展服务的理念。体育教学设计中的教材一般指狭义的教材。要在全面了解所选教材的前提下，深入分析其特点、功能、技术要领、重难点、教学方法及一些关联性因素。务必阐述清楚体育教学教的具体内容是什么，教的目的是什么，教的方法和手段是什么等。凡是不对教材进行深入分析就开展教学便是随意教学、盲目教学，为学生发展服务更是无从谈起。因此，在撰写教材分析的时候要写全、写实、写透。

（三）学情分析

学生是课堂的中心，教学活动的出发点和落脚点都是学生。只有准确了解了学生的情况，才能选择合适的教学内容，制定合理的教学目标，采取合理的教学方法和组织形式。学情分析包括学、情和析三个方面的内容：学指学生的人口学情况，如人数、性别、健康程度等；情指学生学习的情况，包括课堂内和课堂外的情况；析指分析，在把握学和情的基础上进行深入分析。换句话说，对学生基本情况的描述是必不可少的，但不能仅仅停留在阐述学生的年龄、性别、生理与心理特点、兴趣、爱好等上，还应对与该节课密切关联的学生体能基础、技术基础、学法基础、锻炼习惯、学习态度等进行客观分析，从而实现描述和分析两个层面的叠加效应。因此，在进行学情分析时一定要与课堂联系起来，避免出现放之四海而皆准的学情分析“真理”。

（四）教学流程

教学流程顾名思义指教学环节的流程，主要是教与学成分环节的活动程序，通常是主教材的教学步骤。而教学流程最容易被误认为是课的流程，其主要原因在于对“教学”的概念把握不准。一节课中并不是所有的环节都属于教学环节，如课堂小结、放松活动、体能练习等就不具有教学性质，不能成为教学流程的内容。对于教学流程而言，只要在教学流程要素下讲明主教材教学的各环节安排及相互关系，就已经达到了最基本的要求。

（五）场地器材

场地器材是开展体育教学的物质保障，同时也存在许多安全隐患。场地器材的基本要求为安全系数高、面积（数量）充足和布置合理。安全系数高主要指场地器材结构牢固，无明显湿滑，不能出现因场地器材安全性不过关导致的伤害事故，如学生使用本已断裂的单杠时摔伤、准备活动慢跑时踩到水摔倒等。面积（数量）充足指在实际条件允许的情况下，尽量给学生增加练习面积和设备，提高练习密度，巩固技术效果，如前滚翻练习时增加垫子数量，增加学生练习的次数。布置合理指场地器材的布置要充分考虑教学内容、教学方法、学生特点以及教学环境等方面的要求，要让场地器材更好地为教学服务，为学生的发展服务。

（六）安全防范

安全防范是体育教学设计的重要内容，安全防范针对的是体育活动存在的一定概率的身体伤害隐患。良好的安全防范措施可以大幅度降低学生受到运动伤害的概率，同时也可以在体育伤害事故发生后教师被认定为主要责任人的现实情况下最大限度地保护教师。但实际上安全防范意识并没有在体育课堂上树立起来，在教学设计中也往往被虚无化，造成安全防范有需求却无落实，有提及但不具体，有要求而无操作的尴尬现实。在撰写安全防范内容时，要从教材到教学，从场地器材到组织，从生理到心理等多角度分析安全事故发生的可能性，并根据安全隐患的类型采取针对性强、操作性强的防范措施，真正做到防患于未然，要让“注意安全”从口号变为实际，从“安全防范很重要”走向“安全防范很到位”。

（七）课时计划

课时计划亦称教案，是教学设计的最核心内容，是课堂教学实践最直接的依据。完整的课时计划应包括教学内容、教学目标、重难点、课的内容、师生活动、组织形式与要求、时间次数强度、练习密度、负荷预计、课后反思等内容。在撰写每一部分时，都需要做到明确、具体、科学、实际。不要出现“进一步提高学生蹲踞式跳远的技术”“初步掌握篮球肩上投篮动作”“通过本课学习，学生排球技术大幅度提高”等模糊表述，让课时计划真正回归其教学依据本质。

四、体育教学设计基本要素的应用性

体育教学设计的基本要素包括教学内容、教学对象、教学目标、教学过程、教学评价等，它们是相互联系又相互制约的。体育教学设计就是要根据教学目标、教学内容、教学过程、教学对象、教学评价等要素设计教学。在体育教学中，教学的整个过程都是依据教学设计来完成的。现结合初中一年级“蹲踞式跳远”教材案例的应用要求，提出相应建议。通过这种应用性的研究使体育教学设计更加成熟，以达到进一步提高体育教学水平的目标。

（一）以学生为主体设计好教学内容要素

教学内容是教学的依据，是设计教学目标和教学过程等要素的依据。教学设计是对教学内容和教学过程的教学安排计划，是对教学过程的整体的安排。教学内容是体育教学设计的要素，要保证体育课堂教学的有效性，就要设计好教学内容要素。我国的体育教学有统一的课程标准和课程要求，对教学内容有明确的规定，但由于教学对象的不同、学生的个体差异等因素，在教学中对教学内容的安排和设计也有很大的差别。对教学内容要素的设计要根据不同的教学对象，遵循学生为主体的教学原则，体现学生在教学中的主体地位。在教学过程中，教学内容所起到的是方向性作用，为教师制定教学设计提供依据。但多年来，体育教学很少去设计教学内容这个基本要素，总认为课堂教学对象和教学过程等体育元素才是教学设计最为重要的要素。

体育教学内容要素是进行教学的依据，但其并不是一成不变的，同一个教学内容应该根据不同的教学对象而有所变化，要体现学生为中心的教学原则，教学对象是教学内容设计的出发点，根据教学内容的不同进行不同的教学设计，对教学过程的安排既要从学生的学习实际出发，还要根据教学内容去设计体育教学元素。在进行“蹲踞式跳远”教学设计中，作为教师，我们一定要在《大学生体育合格标准》的指导下，以教学的实际情况确立多层次的教学指导思想：在教学目的上，我们应当以《大学生体育合格标准》为参考依据，坚持把学生的身体健康始终放在第一位，将学生的实际身体状况与教学目标相结合，制订出符合实际的教学设计；在学生的发展上，要参照《大学生体育合格标准实施办法》，在制订教学设计中突出学生的主体地位，增加学生主动练习的环节，充分激发学生的兴趣和积极性，从而培养学生体育学习兴趣和主动获得知识的能力。

教学内容是其他教学设计要素撰写的依据。教学对象的学情是教学设计的前提。教学内容和教学对象是制定体育设计的指导思想和出发点。学情分析主要包括对学生的起点状态分析以及对学生的潜在状态分析两部分。学生的起点状态分析主要包括三个方面：知识维度（学生已掌握的知识基础）、技能维度（学生现有的学习能力）、素质维度（学生的学习习惯、学习态度和个人的意志品质）。学生的潜在状态分析主要指对学生将来有可能发生的状况以及趋势的分析，主要是在现有的基础上分析学生在知识与技能、过程和方法、情感态度价值观等方面能够达到什么样的高度。

具体到蹲踞式跳远教学设计当中，教师可以在多个方面进行充分的学情分析。首先在学生的身体特征方面，学生在身体上正处于急剧变化的时期，身体的外形以及各个系统器官都处于快速发展中，学生的身体具有极强的可塑性，体育运动和锻炼对学生身体的发展具有极大的促进作用。其次在学生的心理特征方面，按照埃里克森的心理发展八阶段论可知，学生正处于角色的自我统一时期，在模仿、观察、逻辑分析、可逆运算等方面都有着很大的发展潜力，他们接受知识和模仿技能的能力增强，很适合教授他们一些基本的体育运动知识和技能。但学生正处于青春期与青春后期的交叉时期，会产生一些心理问题，主要表现在自我意识高涨与反抗心理。

结合以上概念解析和案例应用，我们可以得出以下结论：我们要依据新教育理论，再结合我们体育课堂中实践和贯彻终身体育的总体要求，从“健康角度”和“学生发展”出发，紧跟时代的节拍，以学生为中心，注重开发学生的主体性和创造性。

（二）以教材分析为基础，把握好体育教学设计的关键因素

体育教学设计的关键因素是教学目标与教学过程。教学目标主导了教学的方向，教学过程决定了教学环节的安排。这些要素在体育教学中是关键因素，也是教学设计的重点和难点。而要设计好关键要素，教师就要理解和把握教材，对教材内容进行分析和处理。教材分析指的是在教师进行教学之前，要通过个人或者团体对教材进行充分研修，把握教材的整体框架以及系统性，理解每一节课所包含的各个知识点，对教材设计的思路进行整理并加以剖析，再针对体育课堂中应当展现的教学内容进行系统性、全方位地设计。教师的课堂教学设计是进行体育教学的首要环节，也是教学实践能否取得实效的关键。

教师可以从不同角度去分析“蹲踞式跳远”的相关教材。在整个教学内容的地位上，蹲踞式跳远可以说是基础教育阶段体育教学的一项基本教学内容，它在锻炼学生的腰部力量、腿部力量、身体平衡性、身体柔韧性等方面都有着巨大的作用。进行多种形式的练习，能使下肢肌肉富有弹性还能培养出学生积极进取的优良品质和获取成功的良好心态。

1. 以分析教材为基础，设计好教学目标要素

教学目标指教学活动预期要实现的结果，是教育目标和课程目标的具体化，也是教师完成课堂教学任务所要达到的要求及标准。教学目标相比课程目标更具体，是课程目标在具体的课堂教学过程中的体现。在体育课堂教学中，教师应当依照课程目标和具体的教学内容来制定详细的教学目标以便选择教学内容和确定教学目标。

在“蹲踞式跳远”教学设计中，教师通过对教材和学情的分析，可以对学生制定具体的教学目标，主要是让学生习得蹲踞式跳远的技能，掌握蹲踞式跳远的技术特点，使学生对蹲踞式跳远有一个理论上的认识，以正确的动作完成蹲踞式跳远。学生通过练习蹲踞式跳远，提高肌肉系统运动能力、关节系统的平衡能力以及身体协调能力，从而提高身体素质。教师通过蹲踞式跳远的练习，来树立学生的自尊、自信，培养学生勇敢、坚毅和果断的意志品质。在教学过程中，教师要通过讲解法、示范法、练习法等多种教学方法相结合的方式进行系统的教学。

在教学中，对于同一教材，教师制定什么样的教学目标就决定了使用什么样的教学方法，目标设立的不同或者方法采用的不同，都可能导致课堂效果的不同。

结合以上概念解析和案例应用，我们可以得出以下结论：在体育教学中，

充分而全面的教材分析是整个体育教学设计的关键所在。分析教材时，首先要认真研读教材内容，再结合“教材定性”和“教学形式”，分析教材中的问题线索、教学逻辑、活动指向、目的关联等，教师只有依靠问题线索逐步地探讨，才能让问题在课堂上得以解决。

2. 以重点难点为标尺，设计好教学过程

教学重点是根据教学目标，在对教材进行科学分析的基础上而确定的最基本、最核心的教学内容，一般是各个学科所包含的最重要的原理和规律，是学科思想或学科特色的集中体现。教学难点是学生通过学习仍然不能轻易掌握的知识和技能。重点和难点是两个概念，两者有时会有交叉，有时又完全不一样。

具体到“蹲踞式跳远”教学设计当中，教师可以根据教材以及学生的特点，设计出当堂课的重点和难点。其中教学重点主要就是上板积极，起跳充分，摆臂、蹬腿迅速，腾空高，踞平稳，小腿前伸缓冲，落地稳。教学难点是起跳、助跑、腾空和落地的衔接，把重点和难点做如此清晰的确定主要是由蹲踞式跳远的过程要领决定的，而掌握蹲踞式跳远这一整个过程则是这一堂课的教学目标。

结合以上概念解析和案例应用，我们可以得出以下结论：教学重点和难点是教学设计中的重要因素，是学生掌握教学内容的重要标尺。分析重点和难点时，首先要从教材基本性质出发，了解该教材的编写特点，再结合“学生的运动能力”和“技术的难易程度”，确定体育教材中的重点和难点。

（三）以教学流程为平台，把握体育教学设计要素的应用

教学设计要素是相互区别又相互联系的。教学设计的目的是为了教学应用。应用好教学设计要素是良好教学效果的基本保证。教学流程实际上就是教学过程，教学流程主要包括导入环节、讲授环节、练习环节和巩固环节。

具体到“蹲踞式跳远”教学设计中教师可以将教学过程设计成以下四个环节。导入环节，在课堂开始之前，教师可以让学生观看一些蹲踞式跳远的视频以及图片，让学生对蹲踞式跳远有一个最初的直观认识，激发学生的兴趣。讲授环节，这一环节教师主要是向学生讲授蹲踞式跳远的基本动作要领，通过亲身示范，直观地展示蹲踞式跳远的过程，让学生习得蹲踞式跳远的动作要领。练习环节，为了增加练习环节的趣味性，避免练习的枯燥，教师可以让学生做一些与蹲踞式跳远有关的小游戏，如顶球游戏，教师可以将球置于高处，让学生慢跑中用头顶球，这样来练习学生的起跳和摆臂的动作。巩固环节，教师对学生的练习情况进行总结，指出其优缺点，以此巩固练习效果。

结合以上概念解析和案例应用，我们可以得出以下结论：教学流程关系着教学的实际操作，是教学设计中最为核心的环节。设计教学流程时，首先要准确地理解与把握好教材，再结合教材的“关系比重”和“教学重难点”，相应地进行合理的安排。在教学中，教师对教材本身的理解越深刻，对教学内容的使用就会越趋于合理化。教师在教学重难点和教学目标等方面加大分析力度，流程的设计就会更具有逻辑性和层次性，教师若能明白这一点就能让教学流程层次清楚、简明扼要、一目了然，教学也将事半功倍。

通过前面几个基本要素的分析与铺垫，最后再制定出翔实的体育课教案，体育课教案应该是指导思想、教材分析、学情分析、目标方法、重点难点和教学流程等最终的表现形式，这些基本要素的分析与归纳统称为体育教学设计。体育教学设计是体育教学重要的组成部分，其重要意义在于教师通过体育教学设计的制定，从而提高体育课的课堂教学效率，激发学生锻炼身体的热情。

第二节　体育教学设计的现状

随着体育课程教学改革的深入，我国体育课程理念有了很大改变，学生的主体地位意识得到了很好的改观。但我国传统教育思想理念根深蒂固，并且在中华人民共和国成立后很长一段时间内一直受苏联教育理论的影响，严重制约了我国体育课程教学改革。目前我国体育教学中学生主体地位意识薄弱，体育课程改革理念得不到很好的贯彻，教学中存在较多的问题。

一、目前体育教学中学生主体地位意识存在的问题

（一）传统的教学方式忽略了学生的主体地位

受我国传统教育思想的影响，体育教师一直处于体育教学的中心位置，教师本身也把自己放在了主体地位，体育教师以传授运动技能为主，强调学生要在教师的教导下完成教学目标。一般体育课的教学步骤是固定的，在教学过程中教师首先采用讲解示范对技术动作进行展示，随后指导学生模仿练习，纠正错误动作，最后通过让学生反复地练习达到掌握技术动作的目的。目前，大多数学校均采用这种教学模式，这种体育课程教学思想陈旧，教学目标单一，忽略了培养学生的体育学习意识目标，忽略了体育教学对学生身心发展的作用，忽略了对学生体育学习兴趣的培养。教师中心地位思想让教师极少考虑学生的

学习感受，仅仅以学生掌握运动技能就是所谓的学好了体育内容的观念是非常片面的。这种单一传授方式在体育教学领域持续了许多年，自始至终都是学校、教师自行安排课程内容与形式，然后在各个学校中进行推广，很少让学生自主选择学习内容和方式。学生只是一味地被动接受，学生没有机会表达自己的感受，我们也无从得知学生的体会，从而无法激起他们的主观能动性，学生的主体地位自然无法得到保证。

（二）体育教师忽略学生主体地位

我国在不同时期都有不同的教学计划，课程标准也处在变化当中。体育教师在安排教学计划、设计教学内容以及组织教学形式时，大部分情况下都是按教师擅长的技能、学校的条件、教学环境等实际情况进行的，很少甚至几乎不考虑学生的实际情况。这是教学设计中的大忌，但又是我国学校中实实在在存在的问题。由于每个学生的身体条件、心理素质，以及掌握的体育技能等方面存在差异，在体育教学过程中学生掌握技术的能力存在相当大的差距，有的学生很容易就完成了技术动作，有的学生经过很长时间可能掌握得也不好，教师如此一味地按照教学计划教学，不考虑学生的身体心理变化，势必会使学生之间的差距越来越大，对学生的不良影响也会越来越严重。如果此时教师和学生之间仍旧缺乏沟通，将会导致学生自信心受到严重的打击。同学之间也会出现各种矛盾，最终学生不再喜欢体育课，对体育课产生排斥心理。提高学生体质、增强学生体育学习的能力，以及让学生养成终身体育习惯等教学目标最终成为泡影。

（三）体育教师与学生地位不平等，难以营造轻松的体育学习环境

良好融洽的师生关系是发挥学生主体意识，激发学生主观能动性，促进学生主动学习的关键。目前，我国学校教师和学生之间存在严重的不平等关系。在实际的体育教学过程中，如果学生出现不符合课堂要求的行为时，教师往往会选择体罚的形式对待学生。学生无法和教师进行有效的沟通，师生之间的误会得不到及时地解决，学生一直处于弱势地位，身体和心理承受能力一旦被打破，学生的学习态度将会产生根本性的变化。正处于青春期的学生还可能会出现逆反心理，如故意上课迟到、故意违反课堂纪律等现象。这种心理还会影响学生其他课的学习效果，体育课应是调整学生心理状态的有效手段，不能成为障碍，如此恶性循环下去，将对学生的全面发展产生不可估量的不良影响。

二、体育教学中学生主体地位意识教学设计

体育教学中，教师的主导性和学生的主体性是辩证统一的，两者是对立统一的，不可缺少任何一部分，亦不可过分追求其中之一，否则都会导致体育教学秩序的混乱。教师的主导性即指导性，是教师利用自己已有知识和技能在教学过程中指导学生的学习，从而实现教学目标。学生主体性指学生在体育教师的指导下发挥自我主观能动性，向着教学目标积极学习。教师的主导性是为了学生更好地发挥主动性，学生的主动性也促使着教师主导性的发挥。学生的主动性不强，客观地反映了教师的主导性存在问题，没有充分地调动学生的能动性。学生积极主动地学习反映了体育教师主导性作用的良好发挥。教师的主导性越强越能促使学生主体意识的增强，也说明了教师对学生的了解程度越高。因此，体育教学过程中，教师主导性和学生主体性是相辅相成、相互促进的，是不可分离的，也是同一事物的两个方面。科学合理符合客观现实的教学设计也显得更加重要，以下提供的体育教学设计将有助于体育教师学生主体地位意识的建立。

（一）关注学生自身发展，确定以学生为本的教学理念

新时期体育课程改变了以往过于重视体育知识传授的现象，强调学生主动性的培养，使学生在掌握基本技术的基础上，培养学生的体育学习兴趣，全面发展学生的个性，使学生在体育学习过程中形成正确的价值观和世界观。体育教师在教学过程中一定要改变以往的教学理念，不再以教师为中心，同时改变教学内容与组织形式，使内容多样化，组织形式开放化，从而最大限度地激发学生体育学习的兴趣。改变以教材为中心为以学生为中心，尊重和承认学生间的个体差异，区别对待，因材施教，从而使学生体会到体育学习的成就感和幸福感，在体育课程学习上树立自信心。与此同时也要注意学生社会适应能力的培养，促进学生良好行为习惯的养成，体育课程的学习，不仅有助于提高学生的身体素质，更能在培养学生良好意志力、社会适应、优秀品格方面表现出强大的作用；关注学生自身发展，以学生为本的教学理念可以促进学生主动积极地参与体育活动，从而促进学生的全面发展。

（二）建立师生和谐的体育教学环境和良好的教学气氛

愉快、轻松、平等的教学环境可以有效提高学生体育学习的效果，教师在体育教学过程中应该积极主动地去营造和谐、活泼、轻松、民主的教学气氛，从而提高学生学习的主动性和积极性，让学生在愉快活泼的环境中参与体育活

动，让学生更深入地体会参与体育活动的娱乐性、重要性，更好地让学生建立对体育的兴趣，发展其主动探索体育知识的求知欲，以及在实际生活中运用体育知识和创新性地发展体育技能的能力。师生间的良好沟通和交往是建造良好教学环境的基础，新时期教学改革要求教师转变角色，改变以教师为中心为以学生为主体、以教师为主导，树立教学为学生服务的理念，在学生、教师之间建立平等的关系，从而高效地实现体育教学目标，实现学生个性的全面发展。

（三）科学建立全面合理的体育教学评价体系

所谓体育教学评价就是根据体育教学大纲、学科目标，运用课程评价方法和手段对体育教学活动和效果进行整体价值判断的过程，同时根据结果反馈对体育教学各个部分进行及时的修正，从而总结和获取成功的教学经验，更好地促进体育教学实施。体育教学评价体系包括体育教学内容和环境的评价、体育教学组织形式评价、教师和学生的学习评价等内容。教学评价的意义在于通过对教师教学能力、态度和效果以及学生学习能力、态度和效果的评价，让师生及时地发现教学和学习过程中存在的不足，并能够及时地纠正，从而高效地完成教学目标。

体育教学评价方法、手段以及内容要尽量做到全面科学，体育课程评价要做到从终结性评价向过程性评价转变，在评价主体上从忽视学生评价向教师、学生等多方面共同参与评价转变，评价方法上从传统单一评价向多样化评价方向转变，真正发挥体育教学评价的诊断、反馈、定向、证明和教学等功能，促进学生主体性地位的发挥，让学生积极主动参与到体育课程学习当中，真正实现学生在体育教学中占据主体地位的目标。

（四）注重学生体育课程学习的情感体验

学生在体育课程学习过程中，学习的情感体验和自身肌体能力的变化有着非常密切的联系，两者是相辅相成、缺一不可的。学生良好的情感体验来自肌体实际的体育活动参与，生动、活泼的体育课程学习的内容和形式能够充分调动学生的积极主动性，激发学生体育学习的兴趣。学生良好的身体体验能够带来精神情感上的满足，肌体活动越激烈，情感体验越明显，学生自身体育运动激发情感方面的体验，提高学生对体育知识技术的探索欲望，为学生未来养成终身体育良好运动习惯打好基础。教师的情感直接影响着学生的情感体验，教师在教学过程中不仅要做到体育课程内容形式的多种多样，还应与学生进行积极的情感交流，时刻注意学生的情感变化，及时化解学生不好的情绪，使教师和学生的情感在体育教学过程中产生强大的凝聚力，以求高效、高质量地完成体育教学目标。

新课改中一直在强调学生主体地位，其实学生主体地位的前提是教师的主导作用，两者关系达到平衡才能发挥教与学两方面的积极性，获得极佳的教学效果。体育教学中学生主体地位的核心是培养学生学会体育锻炼，提高学生运动能力，增强学生体质。教师在体育教学过程中要考查学生的认知现状、身心特征、教学环境，从而科学合理地安排教学内容，组织教学形式，为学生创建轻松活泼的体育学习氛围，发挥学生主观能动性，以及探索精神，促使学生主体地位得到全面发展。另外，教师可以适当地让学生自主选择教师、自主选择项目内容以及自主选择学习时间、地点，只有在体育学习中为学生提供更多的选择，才能充分调动学生的主体意识，才能激发学生的创造性，同时学生的个性也能得到全面的发展。学生主体地位必须在教师正确的指导下才能很好地建立，学生主体地位不是说说就能实现的，是需要政府、社会、学校、教师等共同努力才能实现的。为了培养更多的体育人才，为了我国未来的体育事业，教师应摒弃旧思想接受新思想，认真贯彻课程改革目标，真正做到以学生为中心，为国家培养更多身心健康的、心理成熟的、技术全面的、社会适应能力强的、全面发展的体育人才。

第三节　体育教学设计的改革与发展

一、青少年体育运动技能教学情境设计

体育教学一直以来都不重视对运动技能的学习，全民体育也只是在于增强人的体质，一说到运动技能，大家都会说那是专业运动员的事，但事实上运动技能的学习对每个人都很重要。随着全民体育的发展，学校体育、青少年体质健康问题，引起了社会的广泛关注。2015 年，国家体育总局发布的《中国青少年体育发展报告》中关于青少年体质数据的统计首次把青少年体质问题推向高潮。2016 年是“十三五”规划开局之年，该年度的《中国青少年体育发展报告》以青少年体育规划与布局为主题，围绕已经颁布或即将颁布的青少年体育政策法规和发展规划，提出个人全面发展和终身体育发展的要求。因此，教师在体育教学中应加强学生对运动技能的学习，只有使学生科学地掌握运动技能才能

从根本上提高其身体素质，不仅如此，运动技能的学习还可以提高学生对运动的兴趣，激发学生对运动的热情。

（一）对青少年体育运动技能学习的认识

随着我国经济的不断发展，人类的生活方式发生了重大变化，人们对健康有了更高的要求，同时对青少年健康的要求也越来越高，发挥家庭、学校、社区三位一体的联动机制，能够丰富家庭、社区的体育文化，有助于社区和学校体育资源的共享。因此，若想使青少年达到体育锻炼的目的，必须培养青少年终身体育的意识。伴随着各个相关政策的提出，全国各大院校在体育教学方面的改革成果也相继而出，主要针对现行的体育教学模式存在的教学弊端，即不能真正地把终身体育意识灌输给每个学生进行了改革。

针对开放式运动技能研究的新进展，运动技能的教学分为开放式教学和闭锁式教学。开放式教学灵活性强，主体与情境的交互作用占主导位置；闭锁式教学灵活性差，教学方式单一。相对来说开放式教学更有难度，并且更科学合理。开放式运动技能研究意义重大，在学校体育方面，关系到学生运动兴趣和运动技能的提高。

运动技能教学情境设计的必要性。通过实践证明，生动有趣的教学情境可以有效地激发学生的学习兴趣，促进师生互动，从而激发学生主动、积极的学习态度，让学生更好地掌握学习技能。那么，在运动技能教学过程中，如何设计出符合学生身心发展的情境，成为当前教育工作者所面临的一大难题。下面通过对体育这一运动项目特点的把握，根据开放式运动技能原理，合理有效地创设出适宜的运动技能教学情境，旨在为广大体育教师运动技能教学提供方向，并为体育在我国的发展和普及提供实践经验和理论基础。

（二）影响青少年体育运动技能学习各阶段的因素

第一，运动技能学习前期。运动技能教学的思维认知和内隐性知识的转化对于学生来说难度较大，尤其是内隐性知识转化为外显性知识，这是需要一定教学手段的强化过程。教师通过创设教学环境，使运动技能外显特征显现出来，这包括学生对整体教学情境的认知以及基本技能的内化。因此，这个阶段的学习影响因素包括教师的动作示范能力、将本体感知内隐性知识化为外化的教学内容组织能力、语言表达能力，以及学生对知识的理解、加工记忆的认知策略、技术动作模仿水平和类似运动经验导致的学习迁移。

第二，运动技能学习中期。这一时期技能学习中的联结得到进一步的强化，从学习过程讲，学生学习处于本体决策和本体应答行为学习阶段，学生需要进行瞬时合理的技术选择，以及做出合理的动作技术。其中本体决策知识教学仍然属于将内隐性知识外化的过程，需要学生掌握不同情境下的教学内容和战术知识。而本体应答行为学习内容是结合情境的基本技术学习。因此，这个阶段的主要影响因素有基本技术的熟练程度、结合情境的不同战术要求的决策教学内容安排以及学生身体运动能力。

第三，运动技能学习后期。这一阶段的学习主要是对本体感知、环境外显特征、本体决策和本体应答行为学习效果的综合体现。这个阶段的主要影响因素是学生的技术熟练程度、战术掌握水平、身体素质水平、视觉和听觉的感知能力。

（三）青少年体育运动技能教学情境设计的路径

通过简化体育运动项目规则，以体育游戏和比赛为中心，培养学生在各种体育运动比赛中分析问题和解决问题的能力。领会教学法经过多年的探索实践和不断的改进，目前已日趋完善。现根据体育领会教学法结合开放式运动技能学习原理，将体育运动技能情境化教学设计流程分成六大部分：项目导入—比赛导入—战术意识的培养—预判能力的培养—运动技能执行—动作表现。

1. 项目导入

体育教学中运动项目的导入既是开始，也是关键。运动项目的导入方式，将会直接影响学生学习的效果和教学质量。因而，在这一初始环节，教师要把握教学空间和时间，空间表现在学生学习的环境，学生对体育的认识程度，对该运动的兴趣，以及学生的年龄、性别、身体素质等主观因素。时间表现在教学中如何安排学生对该项目进行初步认识，如何使其获取直接感知经验，且要在相同的空间范围内实现各个方面因素的协调。例如，教师通过教学情境导入短网运动技能的特点和概念，让体育运动的情境和问题能够直观呈现，创造宽松有趣的学习环境，并引导学生积极、主动思考自己与情境之间的关系，让学生来预判自己在可能的比赛中的角色，并主动地探索与分析自己可能遇到的问题，为下一环节做准备。

2. 比赛导入

在比赛讲述中也应该反复强化该项目的基本技术要领，导入比赛应该坚持循序渐进的原则，教师通过详细讲解和解答学生的疑问，让学生在获取亲身运动体验的同时进一步巩固该项目的基本技巧和要求，同时结合比赛的规则适当加强学生战术意识的培养，提高学生的灵敏素质，遵循比赛规则，有条不紊地巩固学生对运动技能的学习。在这一环节，体育教师为了有效地激发学生的学习兴趣，应让学生尽可能地参与到教学活动中来，可以采用主动设疑或者是设问式集体互动以及合作探讨的方式来进行，为下一环节做好准备。

3. 战术意识的培养

依据开放式运动技能学习原理，学生的体育战术意识的培养应贯穿整个教学的始终，只有这样才能激发学生学习的斗志和兴趣，使学生能够在体验体育运动的同时获取比赛的归属感和认同感。在这一环节，教师可以在体育游戏或者是体育比赛进行了一小段时间之后稍加提示，学生主动寻求战术战略以争取赛场主动，如有疑问，可以开展小组讨论和交流，通过发表各自的意见来一起思考和解决各种疑问，从而在帮助学生了解和体会基本的体育战术的同时，实现对学生体育战术意识的培养。

4. 预判能力的培养

体育运动中青少年学生的预判能力是争取赛场主动的关键，也是学生灵敏素质的一种表现。学生对体育运动基本战术有了基本认识和体验之后，体育教师就可以组织学生进入预判能力的培养环节。预判能力培养环节的导入是基于前面几个环节的，在前面几个环节的基础上实现体育游戏与体育比赛共融互通，即以游戏丰盈比赛，以比赛促进锻炼，以实战感染情绪，以情感认知获取预判意识，以预判能力应对复杂的赛场环境。在这一环节有两个方面需要注意。一方面“做之前的判断”，在瞬息多变的体育运动比赛或游戏中，学生要能够筛选各种复杂信息，通过运动经验的丰富和赛场环境气氛的习惯，形成直接的感官意识和行为习惯，对赛场信息进行有效合理的预判；二是“判断之后的行动”，要选择能够实现最佳效果的动作技能，也就是需要决定如何来做的行为过程。

5. 运动技能执行

运动技能执行这一环节考查学生的赛场执行应对能力，也是预判能力的继续。行为执行力是在原有感知经验的基础上，配合战术意识行使体育运动技能技巧。例如，学生运动技能行为执行不当，战术配合就失去了原有的效果，之后再通过反复练习总结经验，再练习再总结，在游戏中纠正，在比赛中锻炼。由此学生的运动技能执行能力逐渐趋于成熟，为下一环节的导入奠定基础。通过运动技能执行阶段来掌握动作技巧，是提高学习效果的重要途径。

6. 动作表现

动作表现是情境引入教学的最后环节，通过动作表现能够反映学生运动技能的学习程度，这也是在完成运动技能执行之后设置这一环节的原因。学生就应借助反复的练习和比赛来实现所学习的体育动作技能和战术观念的运用，并以此来提升自己在体育运动中的表现。体育教师在动作表现阶段主要扮演的是纠正者或反馈者的角色，在整个教学环节中教师应始终贯彻学生正确的运动技巧、方式、方法，通过语言和肢体感官刺激，使学生能够快速领悟运动中的奥妙之处，进一步加深学生对运动项目的认知。

二、体育教学改革的媒体设计

视听教学媒体是科技产物，运用教学媒体能够改进教学效果，并且已经成为教师必备的教学技术。基于此，对体育教学改革的媒体设计进行初步的研究，对于体育教育教学改革具有重要的意义。研究认为，在以目标为导向的体育教学与学习历程中，体育教师的教学行为功能一般包括组织有效的学习环境，编排合理、渐进发展的学习内容。21 世纪的体育教师，必须具备视听媒体的运用与视听课件的制作能力，以期适应体育教学的创新发展。

笔者尝试以体育教学媒体作为体育教学的系统化设计，教学过程具体如下。

（1）分析条件。首先要分析任教学校的环境条件，如场地、设备、器材、经费、师资、校风、社区背景等，也要了解学生本身的条件，如兴趣、能力、性别、年级、文化背景等。

（2）制定学习目标。在了解学生的需求之后，就要设定学生的学习目标。没有目标的教学活动则是盲目的，所以也应该制定符合学生需求、不违背教育目标和国家政策的教学目标。由于体育教学是一连串复杂的交互作用，所以教学目标的制定，应以单元教学为基础，做出整体的教学规划。

（3）选择或制作教学媒体。针对一节课或一个单元的教学内容，搜集相关的媒体资料，设计新的教学媒体或翻制已有的教学媒体，当然也要注意版权的问题，必要时要征求原作者或出版者同意。

（4）媒体规划。媒体选定或制作完成之后，如何去利用媒体，媒体的使用需要多久的时间，教室场所的准备和必要的设备或仪器的操作，以及课堂上的讨论和分组活动等必须预先做出安排。

（5）运用媒体。视听媒体运用到教学活动上，固然有其功能、意义及时代特征，也有其限制，视听媒体不能是教学的全部，视听媒体应该是从属教学的，应处于增强教学效果的地位。因此教师不能失去自己应有的角色和职责，应该结合视听媒体的使用，加以解说、运用、引导、提示等，以便取得更好的教学效果。

（6）学生的反应。教师应了解学生期待学习什么，并在教学中观察学生的表现，对于学生的反应立即给予教学反馈，以达到教学互动的作用。

（7）评测。评测教学的有效性是非常必要的，教师必须对整个教学过程及进度做一个评量，以合理评估教学效果。

各级图书馆或视听教育馆、资料中心、文化中心等文化教育机构，有时会印制一些政府出版品及该馆或该中心所储备的视听媒体目录，当然也包括体育教学媒体目录，这些资料有的必须亲自索取，有的可以通信索要。有些图书公司，为了宣传，也会印制样品或目录，可以联系取得，以用于教学中。

上述文化教育机构，大多设有视听中心或视听室，可以申请使用。一般情况下，这些媒体大多不能外借，只能现场观看，也可以自行拷贝，不过这可能涉及版权及图书馆的管理问题，不容易实施。博物馆、文化教育中心等文化教育机构，有时也会举办一些和教学有关的展览或表演活动。

三、休闲教育理论视角下的高校体育教学设计

体育教学设计是为体育教学活动制定蓝图的过程，它规定了教学的方向和大致进程，是师生教学活动的依据。教育部 2015 年底发布的数据显示，中小学生身体素质在多年下降之后有所改善，而大学生身体素质下降的现象并没有得到改善。我国高校面临着大学生竞技水平的提升与身体素质的下降形成的巨大反差。高校体育教学在“普遍有闲”的社会背景下该何去何从？随着全民健身上升为国家战略，我国高校体育迎来了最好的发展时代，教育和体育正向“同谱一首曲、同唱一台戏”转变，“体教结合”正朝“体教融合”迈进，提升运动能力、增强学生体质、培养完善人格成为高校体育发展的目标。当前，我国所进行着的这场伟大的、深刻的、史无前例的社会转型和教育改革呼唤人性美的回归，关注人文精神的培养，注重人格的完善与发展，让高校体育教学真正“为终身体育而教，为自身全面发展而学”。

（一）休闲教育在体育教学中的语义呈现

“休闲”源于希腊语“Shole”，英文为“leisure”。曼蒂和奥德姆对休闲教育的论述被认为是当前对休闲教育最完整的认识。他们认为休闲教育是一场使人能够通过休闲来改善自己生活质量的全面运动；一种使人能够在休闲中提

高自己生活质量的方法；一种贯穿于从幼儿园以前到退休以后的终身教育；一种通过扩大人们的选择范围，使他们获得令人满意的、高质量的休闲体验的活动；一场需要多种管理机制和服务体系共同发挥作用承担责任的运动。休闲教育体现在人类生活的方方面面，人们对休闲教育进行研究时通常与其他学科相联系。心理学层面上，美国心理学家奇克森特米哈伊认为，休闲教育是一种不需要外在标准界定的具体活动，是有益于人健康发展的内心体验，它重视人的自由、满足、愉悦、幸福等内心的感觉而不是外在的活动形式。哲学层面上，我国学者马惠娣认为，休闲教育是人的一种生命状态，是一个“成为人”的过程，是人完成个人与社会发展任务的主要存在空间，它不单是关注寻找快乐，更重视休闲与人的本质之间的联系，即寻找生命的意义。社会学层面上，美国休闲学者奇克与伯奇认为，休闲教育是人与人之间关系的发展和增进的社会空间，它强调人与人之间的联系，并同时发展人的个性的生活方式和生活态度。

随着人们对休闲与教育、体育之间关系的深入研究，对知识、教育、课程本质和功能认识的发展，体育课程正从经验型、科学型向文化型或生活型转变。在休闲推动教育改革的同时，我国学校体育教育面临着休闲时代到来的巨大挑战。一些时尚、轻松且具有休闲价值的体育项目进入高校体育课程成为教学内容的“新宠儿”，我国学者普遍认为，休闲体育教育将取代知识身体教育，休闲体育教育思想重视人的自我表现，关注人“成为人”的过程，引导学生追求真善美的生活，是推动 21 世纪学校体育改革和发展的重要内驱力。

休闲教育不是把休闲内容当作事例在课堂上讲解；不是以娱乐或娱乐职业的价值为核心的；不是向所有人鼓吹同一种休闲生活方式；也不是一门或一系列课程。著名的休闲教育家布赖特比尔认为，休闲教育是一个缓慢的、循序渐进的过程，需要传授一定的技巧并要练习这些技巧。休闲教育很难以独立课程的形式存在于学校的体育课程中，但是并不影响休闲教育渗透在体育课程教学中，使体育教学过程更具休闲色彩。把休闲概念引入体育教学中，并非否认体育教学目标的重要作用，而是把休闲作为体育教学模式设计的一种新的思路，体现出休闲的理论参照价值。休闲教育与体育教学融合的主要做法：①休闲理念在体育教学中的渗透；②在体育教学中插入休闲活动；③把休闲活动当作一种体育教育资源；④教师适时对学生的休闲活动做出积极评价；⑤通过体育平台帮助学生了解获得各种休闲活动的知识、技能的途径。鉴于高校体育教学内容发展演进过程中所表现出的时代性特征，结合当前高校体育增进青少年健康的历史使命和休闲生活方式养成中所面临的困境，下面将探讨休闲教育与大学生体育教育结合的依据，并在休闲教育的视角下对体育教学设计进行了探讨，希望能够得到新的启示。

（二）休闲教育与大学生体育教育结合的依据

1. 休闲教育与大学生体育教育结合的理论依据

《关于全面启动全国亿万学生阳光体育运动的通知》指出，要精心策划，认真研究并制订方案，吸引广大青少年学生走向操场、走进大自然、走到阳光下，积极参加体育锻炼。《中共中央国务院关于加强青少年体育增强青少年体质的意见》指出，要认真落实健康第一的指导思想，把增强学生体质作为学校教育的基本目标之一；要根据学生的年龄、性别和体质状况，积极探索适应青少年特点的体育教学与活动形式。这两个文件再一次阐明了学校体育要坚持“健康第一”的重要思想。《国务院办公厅关于强化学校体育促进学生身心健康全面发展的意见》指出，学校体育要遵循教育和体育规律，以兴趣为引导，注重因材施教和快乐参与，定期开展阳光体育系列活动和“走下网络、走出宿舍、走向操场”主题群众性课外体育锻炼，为学生养成终身体育锻炼习惯奠定基础。从 2007 年到 2016 年，十年来国家对学校体育和学生体质状况可谓高度关注。相关文件的出台，为高校体育教育指明了方向：今后的高校体育教材内容建设应当是在保持共性特征的同时发展个性；在保留传统项目的同时发展具有时代气息的现代休闲项目；在发展体能、技术的同时发展个性和健全人格；在发展学生体质的同时渗透休闲教育；用休闲教育功能破解高校体育教育中出现的发展性问题。

2. 休闲教育与大学生体育教育结合的现实依据

高校体育课程改革，遵循时代发展要求，在《全国普通高等学校体育课程教学指导纲要》的指导下，课程目标、课程结构、教学内容、教学方法、资源开发等方面发生了巨大的变化。特别是灵活的选课方式及时尚运动项目的引入等措施为高校的体育课堂增添了许多活力，得到了广大师生的认可。但这种人性化的教学模式面对十二年传统教育后的大学生如何使其养成参与体育休闲的习惯，大学生闲暇时间的增加与体质健康休闲能力低下之间的矛盾如何得到解决，大学生体质健康下滑趋势如何得到有效控制等学生体质健康状况与社会需求逐渐脱节的现实之间出现了新的矛盾和问题。在体育教育改革实施素质教育、复归教育本性的推动下，休闲课程作为教育课程或体育课程逐渐走入高校，实现休闲教育和体育教育的再次融合，推动了休闲体育教育的诞生。休闲教育理论为大学生体育教育提供了一个崭新的切入点，通过这个切入点可以反观当前大学生体育教育存在的不足，并寻找探索解决这些不足的新路径，如关于高校体育教育目标体系如何体现休闲体育教育时代性，如何进行“休闲运动项目”的教材化改造，并使之与竞技运动项目、民族传统体育项目相得益彰等问题。这些问题的解决，都依赖于教学目标、教学内容、教学模式等的革新。

（三）休闲教育视角下的体育教学设计

1. 休闲教育视角下高校体育教学指导思想的设计

遵循《全国普通高等学校体育课程教学指导纲要》要求，以休闲教育为核心，确保高校体育教学指导思想多元化地常态实施。体育教学指导思想指在体育教学的实践活动中，直接或间接形成的对学校体育教学的认识或观点，并对教学活动起方向指导作用。我国学校体育百年来的发展史，其实就是体育课程目标的多元化带来的教学指导思想多元化的演化史，即从“军国民体育思想”到“快乐体育思想”的演化，从“教化自然身体”到“知识身体教育”的推进。对我国经历的“体质教育”“三基教育”“全面教育”“竞技体育”“快乐体育”“终身体育”等多种教育思想，不同学者见仁见智，对其众说纷纭。多种教学指导思想的存在和实施会活跃体育教学，促进体育教学模式的多样化发展，有利于对体育学科特质的认识和对体育教育功能的开发。

高校体育工作者逐渐认识到休闲时代体育功能的嬗变，在“健康第一”思想的指导下，针对我国大学生闲暇时间的增加与科学健康休闲能力低下之间的矛盾，根据《全国普通高等学校体育课程教学指导纲要》提出的高校体育课程的五方面基本目标，尊重各种体育教学思想，把休闲教育、生命教育、生存训练融入体育教学，确立了参与休闲运动、养成休闲习惯、掌握休闲技能、注重体验过程和增进健康素养等新的高校体育教学目标。高校体育教学目标向多元化、多层次、多方位方向发展，使得体育的休闲化、娱乐化趋势日益明显，组织化程度日益加强。休闲教育视角下高校体育教学将以休闲教育为核心，以尊重学生的生命、人格、个性、差异和自由为原则，通过休闲价值观的阐释和现代休闲方式的规范，达到培养学生休闲兴趣、健全学生体质以及提升学生终身健身意识、习惯、能力的目的。

2. 休闲教育视角下高校体育教学模式的设计

积极探索，促进休闲与体育交融、兴趣和健康提升的体育教学模式不断创新。体育教学模式的创新是体育教学永葆生机的重要保证。当前我国高校体育教学模式百花齐放，有代表性的有“三自主”“三互动”“三自治”“三开放”模式，以及“选项课+教学俱乐部+选修课”体育教学模式等。各模式采取的组织形式也不尽相同，主要有分层次教学、快乐体育教学、情境教学、体育俱乐部教学、课内外一体化教学等，使得我国高校的体育教学处于多种教学模式和多种组织形式并存的局面。不同的教学目标产生不同的教学模式，某一模式是为某一目标服务的。评价某一模式的优劣，以最后是否达到教学目标为依据。所以，休闲教育视角下高校体育教学模式必须根据教学目标的多元化而建立，必须在发扬传统教学模式优点的基础上，通过教学内容创新和重视学生学习过程体验，有效推进教学模式和组织形式的不断创新。主要体现在两个方面：形式上，不断改进教学方法和组织模式，尽可能多地应用现代教育技术，突破以熟悉、初步掌握、泛化、熟练掌握四阶段和讲解示范、练习、纠错、再练习四过程为特点的传统的体育教学过程，实施不以通过比赛追求成绩，不以崇拜力量为目的，突出教学过程的休闲性和学生的乐趣体验；内容上，根据新型时尚运动休闲项目的受欢迎程度，实施以休闲教育为重点的内容“重构”来满足大学生的不同休闲需求，实现娱乐性、健身性、开放性与文化性的整体融合。从发展趋势来看，俱乐部型体育教学模式将成为今后我国高校体育教学的主要模式。各高校可以借鉴发达国家的经验，积极实施以休闲教育为中心的俱乐部制休闲运动教学模式，主要做法：根据高校人才培养目标，结合大学生对休闲体育的需求，培养和建立终身休闲体育意识，使学生掌握 1 ~ 2 项可以长期锻炼身体的技能和方法，充分发挥学生的体育才能、兴趣与爱好，为其终身健康奠定基础。

3. 休闲教育视角下高校体育教学过程的设计

在体育教学中插入休闲活动，突出教学过程的乐趣体验，重视以休闲教育为核心的养成教育。我国高校体育教学面对多种教学模式，其组织形式和教学方法存在的问题主要表现在：一是缺乏针对性，众多体育教学思想一齐涌入高校体育课堂，教学主题分散、任务繁重，体育教师面对一节节具体的体育课时，感到的是一种茫然无助；二是缺少内涵，体育教师的休闲技能参差不齐，为了完成教学任务，拼凑花样繁多、内涵欠缺；三是形式简单，因担心教学事故，过分强调学生主体地位，突出新颖自由，普遍存在淡化运动技术，内容与手段过于简化，学生课堂练习的密度与强度很难达到所需水平；四是形式匮乏，以教师为中心、技能教学为主依然很严重，学习氛围过于严肃，教学效果不甚理想。

毛振明在《体育教学论》中指出：体育教学的过程是体验运动乐趣的过程，这种乐趣是体育运动生命力的体现，也是体育教学的学习目标和内容。学者刘海春认为，教会学生如何掌握运动技术技能固然重要，但经过传统教育的大学生学习生活幸福与否，决定因素是他自己的休闲价值观，它支配着大学生对休闲生活方式的选择，决定着大学生业余活动的内容、频率与持续的时间。所以休闲教育视角下高校体育教学过程应是：在中小学体育教学的基础上，用合理的组织形式和科学的教学方法，向大学生提供规范化的休闲方式，帮助大学生养成健康的休闲习惯，使其成为"社会人"。教学过程既不以通过比赛追求成绩，也不以崇拜力量为目的，在接受"团队精神""遵守游戏规则"和"公平竞赛"等人生教育的同时，教师的主导作用逐渐淡化，学生的主体地位不断增强，传统的"讲解—示范—练习—纠错—再练习"的教学范式逐渐被"分组练习与比赛"等具有自主学习特征的教学组织形式和"目标引导"等具有合作学习特征的教学方法取而代之，师生交流与"双边互动"成为体育教学的新时尚，体育教学诸多环节进步明显。

4. 休闲教育视角下高校体育教学内容的设计

革新优良传统项目、延续校本和特色项目、吸纳新型时尚项目，挖掘各项目的休闲功能，提升体育教育的文化品位。高校体育教学内容要为教育目标服务，如果体育教学通过丰富多彩的内容和诸如游戏、课堂竞赛、素质拓展等教学手段，让学生在体育教学中享受身体活动乐趣，就将有助于学生整体素质的提高。相关的研究表明，我国高校体育教学内容存在诸多问题：一是与中、小学教学内容交叉重复、形式雷同；二是校本课程开发力度不够，照抄照搬，缺乏特色；三是休闲体育项目为迎合学生，盲目求新、求异；四是受场地设施条件和教师休闲技能的制约，新型时尚项目难以开展，已开展的效果也不佳。休闲教育视角下高校体育教学内容的设计，要围绕"健身"和"休闲"两大教育目标，必须以是否适应终身锻炼要求，是否与社会接轨，是否与未来职业相适应为原则，以培养现代休闲体育生活方式为重点。主要表现在：一是对本校优良传统项目进行革新，譬如"三大球"等传统内容"改装"成三人制篮球、五人制足球、趣味排球等；二是要延续校本和特色项目，譬如羽毛球、乒乓球由于运动量适中，方式优雅、灵巧，受到学生钟爱应大力推崇，舞龙舞狮、腰鼓、轮滑、龙舟、武术等具有地区特色的项目应发扬光大；三是吸纳新型时尚项目，一些时尚、新颖、刺激的休闲项目如街舞、定向越野、野外生存、台球、桥牌、攀岩、保龄球、极限运动等，要有选择地使其走进体育课堂并逐渐固化为教学内容，以最大限度满足学生多元化的体育需求。

挖掘运动项目的休闲功能和休闲运动项目的引入没有也不可能动摇竞技运动项目在教材体系中的主体地位，“竞技运动的休闲化”和“休闲运动技术的规范化”将二者紧密联系，建立以人为本，淡化竞技，注重健身，添加时尚、增强意识，发展个性，以养成锻炼习惯为中心的新的课程体系，进一步提升体育教育的文化品位和精神内涵。

5. 休闲教育视角下高校体育教学评价的设计

适时对体育教学中师生的休闲活动做出积极评价，建立一个评价主体多元化、评价内容多层次化、评价方法多元化的激励机制和评价体系。体育教学评价是按照体育教学性质和教学目标，采用各种评价手段对教学各环节进行分析、判断及提供决策的过程。它既是检查教学效果的手段，也是一种激励措施。我国高校体育教学评价手段的主要表现：根据《国家体育锻炼标准》《国家学生体质健康标准》对学生的学习结果给出一定成绩；根据课时工作量、学生评价、学校教学督导随机听课抽查等对教师的教学效果进行指标量化。这样的评价结果手段单一很难激起师生的热情，也很难对高校体育教学进行科学的评价。因此，探索为学校、教师、学生服务的新的教学评价，调动其积极性和创造性，健全高校体育教学评价制度势在必行。

休闲教育视角下高校体育教学评价的设计，是按照体育教学目标多元化、多维度的要求，根据教学模式的不同、教学过程中教与学的规律和政策，建立起相互激励的多维度评价体系。首先，对于学生学习的评价，要按照《全国普通高等学校体育课程教学指导纲要》的要求明确对学生的评价是学习过程和效果的评价，除了考核身体素质、运动技能方面的指标外，还要根据学生的课堂表现、健康知识、课外锻炼、个体差异、学习态度、锻炼能力、意志品质等方面进行过程性评价。利用相对性评价与绝对性评价结合对有个体差异的学生给予定性评价；根据学生的体育基础，学习进步程度，进行一定的分层评价，在统一的标准要求下，可以定性地给出不同层次学生相应的成绩。其次，对于教师教学的评价，要结合学生评教、督导评价、领导评价、同行评价等方面，制订出一套较客观、公正，具有说服力的量化评价办法。在教师的业务考核、职务评聘和评优、评先进中，应以教学为重要依据，以体育素养、教学能力、科研能力、教学效果和敬业精神等为考核指标。各高校应从理论知识水平、教学内容与方法、教学态度、课外体育教学参与程度、继续教育情况、学生反馈等方面建立起一个评价主体多元化、评价内容多层次化、评价方法多元化的激励机制和评价体系。

高校体育是实施素质教育和培养全面发展的人才的重要途径。休闲教育视角下高校体育教学改革的推进是一个系统工程，必须由学校、教师和学生通力合作才能完成。体育教学的主体、客体和教学内容、教学方法、教学模式等构成了一个有机的整体，在教学过程中，各个要素既要发挥各自的作用，体现各自的功能，又要协调配合，通过各环节的超循环运转，按照《全国普通高等学校体育课程教学指导纲要》的要求，遵循教育和体育的发展规律，在课程目标、课程结构、教学内容与方法、课程建设与资源开发和课程评价等方面，尽可能地实现终身教育、素质教育、人本教育、生活教育等多种教育诉求。

第五章　体育教学发展的展望

第一节　体育教学目标的统一与协调

体育课的场地、器材等，对体育课程目标、课程设置、课程设计思路以及课程任务都有很大的促进作用。马克思曾说过："人创造环境，同样环境也创造人。""孟母三迁"也说明了环境对塑造人的重要性。教学环境影响着教学的组织与安排，而体育教学环境是体育教学系统的必要条件，一定程度上影响着体育教学系统。本节论述了体育教学环境和体育教学系统的关系，并且分析了两者如何协调才能达到最好的教学效果。

一、体育教学环境的概念

（一）体育教学的物质环境

无论是学习还是生活都离不开环境。体育教学需要的环境主要是运动的场地和体育器材，否则"全面深化教学改革，推进素质教育，加强学院普通体育课程建设，提高体育课的教学质量"就成了一句空话。课前准备器材时，要根据课堂的内容，注意因地、因时而异。如田径场红色的跑道可提高人中枢神经的兴奋性，使学生有一种跃跃欲试的冲动。一排排乒乓球台，一片片羽毛球场，它们的采光、空间、通风都应给练习者积极的影响。上理论课，课桌椅、实验仪器、图书资料、电化教学设备等是开展体育教学活动的必备条件，对完成体育教学任务起着重要的作用。为了方便教学体育器材保管室应设在离运动场地较近的地方，房间应通风，光线较好，器材按项目分类存放，定时检修器材，保证学生运动安全。

（二）体育教学的心理环境

上体育课教师往前一站，一副严肃的面孔，会给学生很大的压力。他们因为怕老师，身体不舒服也不敢向教师反映，有时会造成很严重的后果。所以教师上课前要整理好自己的情绪，具备心胸豁达、移情理解和客观性，真诚而不盛气凌人，教师的热情鼓励，会使学生更具有创造性。当学生认为教师热情又有同情心时，课堂里同学之间互动效果会更好，教师的热情与学生对体育的兴趣与完成运动的密度和强度有着很深的关系。教师可采用多媒体教学，让学生在学习新动作之前观看录像，并将技术动作放慢、定格。看完录像后，组织学生进行讨论，教师进行示范，学生练习后再进行讨论，他们会有一种小老师的感觉，学起来他们自己会想办法克服很多困难。学生最不愿意跑步，觉得枯燥。这时可采用分组练习方式，以比赛、团队参与的形式进行，如蛇形跑、变速跑、追逐跑等。投掷的练习可采用单手投、双手投、向前投、往后投、画方格投等方式。练习力量时，可准备几个不同重量的沙袋，根据学生的实际情况使用，采用 20m 的往返跑等方式。利用上课的时间进行班级与班级比赛，提高学生的参与主动性、团队合作精神，增强其积极动机和减少其对教师的依赖。

（三）体育教学的语言环境

只有爱学生，与学生打成一片，才能了解学生的喜怒忧乐、兴趣爱好、希望要求。教师要注意心理修养，善于控制和表现自己的情绪。无论在课外遇到什么不顺心的事，在走进课堂之前，一定要使自己恢复常态，不能把自己恶劣的情绪传染给学生，更不能向学生流露甚至发泄。语言的速度，对于教学效果的好坏有直接的影响，教师要认真地探索和把握最科学、最合理的教学语言速度。语言是人与人之间传递信息最为主要的方式之一，体育教学中教师与学生之间、学生与学生之间语言的交流十分频繁，语言的交流中包含着丰富的信息，因此合理运用这一工具对于提高体育教学质量作用十分明显。实践表明良好的课堂语言环境对于体育知识、体育技能的传授十分重要。

二、体育教学系统的概念

体育教学系统，顾名思义，就是体育教学体系的统一体。体育教学系统是各体育教学要素以一定的结构形式组织起来的，具有各单一体育教学要素所不具备的某种功能。

（一）体育教学内容系统

根据《全国普通高等学校体育课程教学指导纲要》文件的精神，结合我校人才培养的目标，形成以教学改革为前提，以学生为主体，以健康为主题，以服务专业为方向的新理念，实现以人为本，强化人体练习，突出个性发展。普通高校按照树立“健康第一、终身体育”的学校体育教育思想，通过传授体育知识、运动技能，达到全面增强学生体质，提高其身心健康，培养学生良好的意志品质和素养，养成其终身体育的锻炼习惯。

（二）体育教学方法系统

从上位层次看，体育教学方法系统包括模式教学、模拟教学、程序教学。从中间层次看，上课时教师通常先讲解，再向学生提问，同学生一起讨论，教学中像这样运用语言指导学生学习，达到教学要求的方法包括讲解法、问答法和讨论法等。教师示范以及帮助学生纠正动作错误是体育教学中通过一定的直观方式，作用于人体感觉器官、引起感知的一种教学方法即动作示范法。教师为了防止和纠正学生在练习中出现的动作错误所采用的方法即纠正动作错误与帮助法。循环练习法指教师根据练习任务的需要选定若干练习手段，设置若干个相应的练习站（点），学生按规定顺序、路线和练习要求，逐站依次循环练习的方法。组织学生讨论探究的教学方法即发现法。教师对各种教学方法的运用应具有教育性、发展性、科学性、多样性等特点，这样才能体现整体化思想，达到最佳教学效果。

（三）体育教学负荷系统

生理负荷指人做练习时所承受的身体上的负担。运动负荷包括运动量和运动强度两个方面。在体育课上只有运动负荷保持适宜，才能收到较好的教学效果，运动负荷过小过大都不行。过小，则达不到锻炼的目的；过大，又超出了学生身心所能承受的限度，对学生身心健康和教学任务的完成都十分不利。因此，合理地安排和调节体育课运动负荷是对体育教师教学的一项基本要求，也是评价体育教学和体育活动锻炼效果的一项重要指标。课堂教学中最常用的运动负荷测量方法除了脉搏测量外，还有询问法和观察法。据瑞典生理学家研究，当询问学生锻炼后的自我感受，学生回答“累极了、很累、有点累、还行、很轻松、非常轻松”时都有不同的心率，而这些心率和回答之间有着极明显的对应关系。这样教师就可以利用学生的回答来判断学生承受运动负荷的情况。采用观察法可以直接简便地知道学生的运动负荷情况，教师可以通过观察学生的脸色、表情、喘气、出汗量、反应速度等来判断学生所承受运动负荷的大小。例如，当学生承受较小负荷时，额头微汗、脸色稍红；承受中等负荷时，脸色绯红、脸部有汗滴下；承受过大的运动负荷时，脸色发白、满头大汗、动作失控等。所以，安排运动负荷时要以学生发展为中心，重视学生的生理和心理感受。在体育课上，可以通过调整练习的次数和组数、练习的强度和时间、器械的坡度和阻力，也可以通过改变课的组织方法等来对运动负荷进行合理的调节。

（四）体育教学评价系统

对于学生的评价主要包括学生学习态度的评价、学生行为表现的评价、学生掌握知识与技能的评价。教师应坚持主体取向的评价机制，开放的教育需要开放的评价，量性评价与质性评价、行为评价与心理评价应有机结合，由重视结果向重视过程转变。

三、体育教学环境和体育教学系统的关系

体育教学中，体育教学环境对学校体育教学系统的影响，既来自学校内部环境，来又自于学校外部环境，既来自学校的物质环境，更来自学校学生和教师的心理环境。而体育教学系统反过来也可以影响体育教学环境，它们之间是相互制约、相互影响的。

四、体育教学环境和体育教学系统的协调统一

在体育教学中，要达到较好的教学效果，完成既定的教学计划，那么体育教学环境和体育教学系统两者是缺一不可的，只有两者协调统一才能为体育教学更好地服务。

（一）充分了解当前体育教学环境现状

教师在体育教学中一直都是起着引导作用的，主要表现在了解教学目标、制订课时计划、规划教学设计、优化教学方法等方面。当然这些都必须建立在了解当前教学环境的基础上，教师不仅要了解当前教学的物质环境，还要了解学生当前的学习需求，不能仅仅停留在课本上，应该对整个教学环境进行设计。

（二）保持体育教学环境和教学系统的动态平衡

在体育教学中，体育教师既要让体育教学系统适应体育教学环境的变化，也要尽力去改变当前制约体育教学系统发展的环境因素，使两者在动态上保持平衡，为更好地实现体育教学目标而服务。

第二节　体育教学内容的选择与开发

体育教学课程资源的开发和利用最重要的是教师的课程资源观和课程资源开发意识，教师首先得理解什么是课程资源，才有可能开发课程资源。

一、对体育教学课程资源的认识

合理开发与有效利用体育课程资源是体育课程目标达成的必要条件，也是体育课程改革的有力保障。由于地方经济和文化发展的不平衡，体育课程只有符合地方经济并地方化，才能提高体育课程的适应性，更有效地发挥体育课堂的本色。

在这里，首先要了解体育教学课程资源这个概念。课程资源是受教育技术和远程教育的启发而由教学资源和学习资源演变而来的，但它在教育技术和远程教育界并不被经常使用，甚至有些陌生。由于课程是教学活动的基本单元，因而一切教学资源或学习资源往往都是以课程资源的形式来呈现的。一般来讲，课程资源也指形成课程的要素来源以及实施课程的必要而直接的条件。

二、如何进行体育教学课程资源的开发

首先，开发课程资源要从具体学生群体和个体的身心发展特点等一些特殊情况出发，开发出来的课程资源要能为他们所接受和理解，符合他们的身体状况和认知规律，有利于学生的身心体验，有利于达到教学目标。其次，在开发课程资源前要做一个价值判断，是同学们迫切需要的、对他们发展最有价值的课程资源应该优先开发。体育教学课程资源的几个开发途径不是截然分开的，在开发的时候需要将其有机地整合在一起。

（一）从体育师资条件出发

学校具备何种师资，学校的教师具备什么样的素质，他们的特长、专业是否能带动体育课程资源的开发。考虑这些因素以后，教师才能游刃有余地进行课程资源的开发。反之，一些学校限于师资的水平和特点，教师没有能力去开发一些学生需求比较强烈，感兴趣的程度也比较高的体育课程资源，这就在很大程度上制约着教师对体育课程资源的合理利用。

（二）从学生的现状考虑

体育课程资源的服务对象是学生，所以关注学生的身体发展是开发体育课

程资源的主要途径，这主要着眼于以下两个方面。

（1）学生身体状况的调查。在开发课程资源时，必须对是否能使学生接受新开发的体育课程资源进行考虑。不同的学生身体状况是不一样的，这不仅关系到开发的广泛性，还影响着开发课程资源的内容选择。

（2）要想使学生积极参与进来，不仅要找到学生感兴趣的课程资源，也要使课程资源永远适合学生，如此，就可以充分调动学生的积极性。这样的体育课程在某种意义上来说是最适合学生的。所以，在开发时，我们要从学生的角度来看待周围的一切，要寻找学生的兴趣所在，力求开发出来的体育课程资源是“学生化”的体育课程资源，这样才能使学生完全融入课程资源中去，不能使课程资源老是一味“教师化”，不然它就失去了教育的意义。

三、体育课程资源开发项目

1. 人力资源的开发——体现团队精神的集体负重跑比赛

活动目的：通过集体负重跑比赛，使学生热爱体育活动，增强体能，培养团队合作精神。

活动准备：场地的选择、学生负重物的准备、裁判人员的安排、工作人员的安排。

活动过程：参赛以班为单位，按规定时间跑完全程；安排好裁判工作；比赛开始，学生到达终点时，按名次顺序发放名次牌。第一名记 1 分，第二名记 2 分，依次类推。组（班）积分少者名次列前；统计各组（班）比赛名次和积分，排定团体名次；宣布团体名次，颁奖；活动讲评。

建议：体育教师应多开发这类小型的集体活动使全校的教师（包括校医）都参与到活动中来，充分调动学校的人力资源为体育比赛服务。

2. 民间体育课程的开发

（1）跳绳。跳绳可以分为三类：技巧性跳绳，如单脚跳、双脚并跳、换脚跳、反手跳等多种花样动作；游戏性跳绳，以娱乐为主可以边跳边伴唱；快速跳绳。跳绳方式大体分为个人与集体两种，鱼贯顺序跳，多人同跳等都是集体跳绳。

（2）踢毽子。踢毽子有花样技巧比赛，常以肩、背、胸、腹、头与双脚配合，做各种姿势，使毽子经久不落地，缠身绕腿，翻转自如。踢毽子的技巧很多，踢毽子的基本技巧只有三种，即“盘”“拐”“蹦”。集体比赛时还附加远吊、近吊、高吊等踢法以表胜负。一般踢毽子都在冬季进行，天气寒冷，活动可以暖身。

（3）跳牛皮筋。跳牛皮筋是一项准确、熟练，连贯协调，舒展自如，节奏感强的项目。基本动作有点、迈、顶、绕、转、掏等。一般分为三个高度：将牛皮筋举至与肩齐平；两臂自然下垂拉牛皮筋；一臂上举拉牛皮筋。并有单人和集体两种跳法。此游戏以女孩玩耍较多。以细牛皮筋结成绳子，长约三四尺，两人扯绳各一端，随着牛皮筋的上下弹动，一人或数人跳。

（4）抽陀螺。这种游戏是用一条绳鞭抽打一个圆锥体物体，使它在平滑地面上不停地旋转。陀螺的材质有木质、竹质、陶质、石质等。抽陀螺可进行竞赛，一人不停抽击，抽到陀螺停止为输，再由另一人继续抽击。

3. 体育器材的组合开发

（1）校园“保龄球”。校园“保龄球”是将实心球与手榴弹（或矿泉水瓶）融合在一起的一项体育运动。在一块空地上一端放置手榴弹，可以排成许多形状，另一端站学生，学生手拿实心球，在教师的指挥下进行练习。

（2）嗒嗒球。嗒嗒球是将乒乓球与羽毛球有机融合在一起的一项体育运动。这项运动不受场地限制，而且适合各种年龄的人群参与。它将乒乓球的推、抽、搓、扣、拉球打法与羽毛球的吊、挑、扣等各种技术结合起来，在网上往返对击，以把球击落在对方场区内为胜。比赛时采用乒乓球记分法，五局三胜制。

应该说嗒嗒球是体育器材组合开发中最成功的案例，其充分地利用了两种体育器材的特性。它一半像乒乓球，一半像羽毛球，嗒嗒球以其携带方便、不受场地限制、运动趣味强、易普及推广的特点，正吸引着越来越多的人加入其中。校园“保龄球”的开发虽没有嗒嗒球的影响那么广泛，但也有它存在的理由。

学校要根据教学实际情况及学生发展的具体需要，广泛利用校外体育资源以及丰富的自然、人力等资源，积极开发体育课程资源。体育课程资源多种多样，学校应重视校外体育课程资源的作用，从实际情况出发，发挥地域优势，强化学校特色，展示教师风格，因时、因地、因人制宜地开发与利用体育课程资源。

第三节　体育教学方法的运用与创生

通常而言，高校是我国培养高等人才的关键基地，近些年来，政府对于高校教育问题也非常关注，希望各大高校可以在一定程度上培养出综合实力较强的复合型人才。对于高校体育教学而言，也需要创新教学方法，推动教学实践，这样的话，不但可以让学生的身体素质有一定程度的提升，而且可以提高他们的思维和创新能力，让学生养成健康的生活习惯。

一、创新教育理念下体育教育方法运用现存的问题

（一）学生身体素质大多数较弱

根据国家相关单位针对学生的身体素质进行的调研证明，从20世纪80年代开始，学生身体各方面的耐力与速度以及器官功能在逐步下降，身体肥胖与近视的状况逐渐增多。尽管近几年我国对于学生身体素质状况日渐重视，并且采取了相应的措施，学生身体素质取得了较好的改良，然而整体状况依旧使人担忧，从而使得我国新型体育教育的开展受到了较大程度的影响。

（二）体育教育重视程度不够

由于受到传统教育方式的影响，在学习中体育课程往往不受重视，时常会发生体育课程让步于其他课程的现象，从而使得创新教育理念下的体育教育方法很难取得实质的运用与贯彻。并且，在教学模式上体育课程也具有一些缺陷。创新教育理念需要体育课程发挥提高学生体质的作用，然而根据当前的状况而言，体育课程在这方面的作用并没有得到完全的展现。而且，目前体育课程与教材并没有实现一致性，课程内容未建立起合理的规范，并且对教师传授知识的范围与学生应了解的程度也未进行规定，进而使许多体育教师在授课的过程中只是单一地教授老旧且落后的体育知识，缺少创新，而部分教师为了防止学生在体育课中发生意外，在教学方式的革新上顾虑较多，从而一定程度上妨碍了创新教育理念下体育教育方法的实行。

（三）学生体育活动时间普遍较少

受长时间传统教育习惯的影响，大多数家长与教师均形成只注重成绩而轻视其他方面的思想观念，认为时间不该浪费在上体育课或者是课外活动上，应该专心致志地学习其他课程，从而使得学生体育活动时间普遍较少，学生的身

体素质与运动观念较难得到提高。许多学生在体育教学中表现出对体育运动缺乏兴趣，这种现象较大程度地阻碍了创新教育理念下体育教育方法的运用。

二、创新教育理念下体育教学实施手段

（一）根据学生不同的兴趣与资质进行不同的教育

体育这门课程对学生将来的发展同样起着重要的作用，高职院校的学生尽管价值观以及人生观都逐渐养成，然而通过合理的指引也还可以出现一些良好的变化，如若可以通过高职院校体育课来针对学生的身心实施合理的指引，将会对学生的发展起到较大的改良作用。在高职院校体育教育中依据学生不同的兴趣与资质进行不同的教育，能够一定程度上促进学生身心的发展，使其在体育锻炼的过程中增强自信心。而在体育教学实际操作的过程中，每位学生的心理状况以及身体素质都存在着差别，一些学生的体质比较好，并且综合方面也都比其他学生的好，如若让其与其他学生达成相同的课程任务，常常会使其感觉到运动的强度太低，没有较好的锻炼效果。然而另外一部分学生的体质比较弱，体育课上的运动强度使其感觉到适应不了，并且在看到其他同学可以成功达成训练目标，自己却完成不了时，其对于体育的热情则会逐渐降低，甚至使得其在体育教学中出现抵制情绪，一定程度上影响了创新教育理念下体育教学方法的运用。

（二）集思广益，相互激励

一般情况下，为使学生的身体素质以及思维能力能够协同发展，教师还可以运用集思广益与相互激励的方式，使学生通过互相协助、互相鼓励，一同完成教师布置的任务。并且，教师也可以布置一些与体育相关的作业给学生，让学生以小组的形式进行探讨与思考，自由地表达自己的看法与想法，在互相协助的情况下完成教师布置的作业。但是，在过往的体育锻炼中，往往是由教师示范相关的动作要点，学生自主进行操练，较少会予以学生表明自身看法的机会，然而这实际上完全不利于学生创新性思维的提升，运用相互激励与集思广益的方法能够一定程度上促进学生创新能力的发展。

（三）情景教学，提高效率

情景教学指的是在体育教学的过程中，先运用恰当的方式把学生引入相关的情景当中，使其具有一种身临其境的感觉，从而使体育教学更具创新性。一

部分体育教师认为情景教学比较适合低年级学生，对大学生而言，没有可行性，然而实际上，如若可以在高职院校的体育教学过程中应用情景教学方式，也可以起到鼓励学生的作用，使学生对知识可以较好地掌握与理解，从而对体育锻炼更具有兴趣与热情。

总而言之，本节主要对创新教育理念下体育教学方法运用现存的问题以及体育教学实施手段进行了充分的研讨。在当前的创新教育理念下，应强化对于高校体育教学方法理论实践，从当前的学校以及学生实际情况入手，创造出更多的全新的教学方法，只有这样，才可以满足人才培养的需求，培养出更多符合要求的综合型的人才，推动学生的身心实现综合全面的发展。

第四节　体育教学手段的使用与创新

教学过程中，有效的教学方法不仅能调动学生学习兴趣和练习的积极性，更能促进体育课堂教学有效性的实现，增强学生身体素质。为了实现这个目标，教师要积极了解学生在生活中比较感兴趣的事物，注重学生的个体差异，运用灵活多变的教学模式来创新体育课堂。下面我们就从创新体育教学手段的作用与意义、策略、注意事项等几个方面进行阐述。

一、创新体育教学手段的作用与意义

体育课堂教学手段的创新，并不仅仅是为了顺应新课标的要求，更是为了满足学生的需求，对于学生的发展有积极的作用与意义。创新教学手段可以在很大程度上促进学生的身体素质提升，提高他们的运动技能。在高中的学习过程中，由于学业比较紧张，课程安排比较紧密，大部分的学生在每天的学校生活中，几乎都不离开自己的课桌，这对学生的身体素质提高来说就是一大隐患。在体育课堂上通过教学手段的创新，就可以吸引学生的注意力，让学生从繁重的学习压力中解放出来，放松身心，振奋精神，增加锻炼，提升身体素质。

二、创新体育教学手段的策略

（一）运用师生角色互换，突出学生主体地位

传统的体育课堂教学以教师讲授为主，以学生获得运动技能为目标。但是单一固定的课堂教学模式容易使学生疲倦，不利于学生学习积极性的调动，

更未能突出学生在学习中的主体地位。德国著名的民主教育家第斯多惠曾说："教育的艺术不在于传授的本领，而在于激励、唤醒和鼓舞。"师生角色互换，教师成为课堂教学的引导者、服务者，学生成为课堂的真正主角，极大地调动起学生参与的积极性和主动性，唤醒学生自我实现的内在愿望，能有效提高课堂教学效率，促进学生综合素质的提升。

角色互换可以安排在课堂教学开展前，教师根据教学内容，结合班级的实际情况，对学生进行分组。学生在准备的过程中，结合自己的能力水平和兴趣爱好，充分发挥主观能动性，通过多途径多方式，如利用教材、向教师咨询请教、利用网络资源等方式，了解掌握相关知识点，设计教学方案，然后在实践中展示这一堂课。这一过程可以极大地培养学生发现问题、解决问题的能力。

同样在教学过程中，教师也可以角色反转。教师从"学生"角度提问。例如，在田径教学中，笔者曾向学生提出"推铅球的方式有哪几种"的问题，然后让学生独立思考或小组讨论，最终学生给出了有"侧向原地推铅球""上步推球""侧向滑步推球"等答案。这样的教学方式，不仅能极大地调动学生参与课堂的积极性，而且培养了学生的创造性思维，使学生感受到探索创新的喜悦。

（二）情境教学，使教学更具目的性

情境教学是在真实的情境中，使学生通过切身的运动实践，提高运动能力，加深运动感悟，促进体育价值观形成。其主要特点表现在情境的真实性、开放性以及感受的深刻性、持久性。

情境教学与传统的技能教学不同的是教师不是从基本的动作教起，而是从项目整体特征入手，然后使学生进行具体技能的学习，最后使学生回到整体的认识和训练中，突出主要的运动技术，而忽略一些枝节性的运动技术；注重在实践中培养学生对项目的理解，把技术运用在"尝试性比赛"中，引导学生懂得如何学以致用。

在球类技战术教学中，让学生进行实战观摩，通过看比赛片段、动态图的演示、图解的讲解等方式，结合实战向学生演示一些技战术的配合和应对的方法，既培养学生全面观察情况、把握和判断时机以及临场的应变能力，又能使学生最终可以根据所学的技术和战术，判断出"做什么"和选择最佳的行动方案——"如何去做"。例如，篮球技战术的教学，挡拆配合。把 NBA 比赛中配合的技术截取下来，用慢速播放形式展示，然后学生分组进行比赛，强调比赛时尽量用挡拆配合，少用其他配合，在此过程中教师可以运用视频手段拍摄学生配合的过程。总结过程中视频回看并向学生提问，在运用这个技战术时应

注意的事项，引导学生了解挡拆配合的要求：快速移动，准确卡位，把握时间，正确拆分。教师再示范讲解动作，并在此过程中提出学习的重点和难点，指出侧掩护时脚要站稳，不能移动挡拆等技术点，最后才分组进行挡拆练习。这样使得学生学练更有目的性，课堂效果更显著。

（三）使用运动 APP 软件，综合构建体育课堂

随着科技的进步，信息化技术的发展，大量的新事物进入了我们的生活中，为我们的生活带来了便利。在体育教学中，为了促进教学手段的有效性，教师可以将新鲜事物与实际教学结合起来，利用和体育教学相关的 APP 软件，进行课堂教学。这既符合学生的心理需求，又能促使其把更多的注意力投入到课堂中来，提升参与度，从而实现教学的有效性。同时在兴趣推动力的基础上，使学生多去练习，做到自我比较评价，将自己的运动技能水平进一步提升。

例如，在进行 24 式太极拳教学时，教师就可以利用 24 式太极拳 App。将学生进行分组，每组配备一个手机或 Ipad 设备，通过 App 里面的太极拳概要，先了解太极拳的特点。再集体观看视频，建立拳术的整体印象和概念。在观看视频的过程中，教师引导学生关注太极拳的特点：心静体松、圆活连贯、虚实分明、呼吸自然。最后，让学生通过图文讲解，自学动作，小组协同合作初步掌握动作的框架。在此基础上，教师再介入讲解示范，学生掌握技能自然就事半功倍。

课后教师还可以布置作业，让学生再次通过 App 去复习、巩固、提高，在下一次的课堂中以小组形式进行展示，这样使得课堂学习有了延伸，也使得学生技能的掌握和提升会变得更好。当然在教学过程中要引导学生合理使用电子设备，仅限学习使用，鼓励学生放假后回家通过软件复习提高，并自学将要教授的内容。

我们还可以合理利用抖音小视频，设计合理体育项目。最近抖音小视频十分流行，体育教师就可以积极利用它，设计新颖有趣的体育项目。这样不仅可以激发学生的兴趣，调动学生的积极性，更能促进他们对体育项目的喜爱，使他们主动参与到体育项目的锻炼中来，从而达到增强他们身体素质的目的。但在这个过程中，教师要注意度的把握，不能让学生对其形成依赖。

例如，教师可以选择一些符合学校现有教学条件和环境的体育项目，课堂上让学生根据自己的兴趣进行挑选，更多学生喜欢的那个项目，就是下一节体育课的主要教学内容，这样既尊重了学生的意愿，又充分满足了学生的心理需

求，也有利于体育课堂有效性的实现。在教学过程中教师还可以将学生活动的过程拍成抖音小视频传到网上。这样既是对学生的一种肯定，也是对抖音小视频的合理利用。

这样有效合理地使用APP软件，既促进了教学手段的创新，又构建了良好的教学氛围。

（四）利用积分制管理，科学评价学生表现

（1）设置“积分”。教师在设计教学目标和内容时，将一个技能模块设定为一个单元，根据技能难易程度，结合学生的运动能力水平，设定为掌握、基本掌握、未掌握三个等级，分别以3、2、1进行量分。

（2）得分原则。形成牢固，动力定型，做动作熟练、省力、自如，即为掌握；技术动作有待改进，动作规范，基本上建立动作定型，即为基本掌握；动作吃力、不协调，动作间有干扰现象，并伴随着一些多余动作，肌肉紧张，即为未掌握。

（3）运作方式。模块教学结束，安排课堂内测评。教师可以根据运动项目和内容的不同，运用多种测评方式。如武术项目五步拳，可以东南西北四个角背向而立，独自演练，教师评价和学生互评相结合。田径项目蹲踞式起跑技术，分组沿跑道线模拟起跑，从器械调整、重心控制、起跑的步伐等方面考评。

（4）积分统计。教师记录测评课同学的得分，按比例折算计入期末总分。

（5）激励办法。每个模块测评结束，通过教师评价和学生互评相结合的方式，评出“模块之星”，学期评选“课堂优秀之星”，并对其进行表彰，学生所有积分将作为评优评先的重要依据。

积分制管理的实施，使学生更加有学习的动力，积极性和主动性得以提高，有利于激发学生之间的竞争意识，完善了教学中的评价体系，为提高创新教学手段的有效性奠定了基础。

三、创新体育教学手段的注意事项

（一）与教学实际要紧密

创新的教学手段要符合学校实际，与学校的资源配置和学生实际的运动能力水平相符合。如教学手段与学校现有的教学资源相脱节，就会在教学手段的实施过程中，导致教学工作无法顺利开展；如教学手段的教学难度与学生现有

的运动水平不符，就会导致学生空有体育理论知识，但实际运动技能的掌握和提高并不理想。

（二）教学手段与学校规章制度要协调

为了激发学生学习体育的兴趣，有些教师倡导运用一些与体育项目相关的手机软件，这固然可以提高学生进行学习锻炼的兴趣，但也增加了学生对手机的需求。这一现状就与许多学校的规章制度相违背，教学过程中要合理地处理好这两者之间的矛盾，以保证学校正常的教学秩序。

（三）创新教学过程中要紧扣主题

不同地区的学校教学水平参差不齐，对体育学科的认识也不一致，创新教学手段就有可能因为这些因素，导致教学偏离主题。例如，学校倡导教师要学会放手，让学生通过多媒体课件自主学习，有一部分教师就会完全让学生观看体育视频，自己在课堂上完全不参与，过分强调学生的自主性，忽视教师应该承担的指导责任，这就是偏离主题的表现，不利于学生的健康发展和课堂的有效性实现。

（1）注意师生安全。教师在创新体育教学手段、丰富体育课堂内容的同时，对课堂的安全性也要高度重视。首先教师要考虑学生的个体差异，设计科学合理、难易程度得当的教学内容和教学过程，要加强安全教育，落实课堂常规，对学生练习中的错误动作要及时纠正，场地、器材安排布置落实要到位。

（2）注重教学质量。在教学过程中，教学质量永远是学校以及教师所关注的重点。那么在创新体育教学手段的过程中，为了保障教学质量，学校可以采取调查问卷和对比观察的方法。通过调查问卷形式了解学生对教学手段创新的喜好程度、欢迎程度；通过对比观察的方法，对使用创新教学手段与传统教学手段的班级进行比较，从学生课堂的参与度、技能掌握度、身体素质提高等方面做出参照，再结合每年的体质健康数据测试，进行综合对比，用数据来体现实际情况。

综上所述，创新体育教学手段是提高体育课堂的有效方法，保障创新体育教学手段的有效性是学校需要努力的方向，只有保障了创新教学手段的有效性，才可以确保课堂的有效性。这样不仅有利于激发学生的学习兴趣，让学生自主投入到体育运动的学习、锻炼中来，更能培养学生终身体育锻炼的习惯，为我国的体育事业发展起到一定的推动作用。

第五节　体育教学模式的多元化发展

一直以来，高校体育都是我国整个教育体系中非常重要的一个组成部分，它是连接学校教育与社会教育的纽带。目前越来越多的人已经开始认识到终身体育思想的重要性，并对其致以高度的认同，随着终身体育思想的普及发展，如今，终身体育思想已经渐渐成为现代人们社会生活的追求。终身体育思想也在学校体育中得到了充分的重视与运用，高校体育是学校体育教育的最后阶段，高校是培养学生终身体育思想与习惯的重要平台，为学生将来走向社会，并在社会生活中培养终身体育习惯打下坚实的基础。高校体育教学模式是高校体育教学的基本结构，其中凝聚了高校体育各大教学理论，是一个具有操作性与实践性的体育教学框架。在当前高校体育教学改革的过程中，对多元化体育教学模式进行构建，不仅有利于培养大学生健康的身心素质和持久的体育思想，从而实现大学生身心素质的全面发展，同时也符合当今时代对于综合素质全面发展人才的需求。

一、高校体育教育中多元化教学模式的重要作用

在当前的高校体育教学过程中，通过对多元化、富有成效的新型体育教学模式的运用，充分体现学生在教学过程中的主体性。鼓励并引导大学生积极参与到体育教学过程中，增加学生参与体育活动的主动性，从而提高学生的参与度，使得学生在彼此之间的互动与交流中学习体育理论并提升体育技能。这样有利于培养学生的实践能力和团队协作能力，同时也有利于激发学生对于体育课程学习的热情，从而增强学生的体育学习效果，最终实现体育教学目标。在高校体育教学过程中实施多元化体育教学模式时，要充分挖掘并利用已有的体育教学资源，对体育教学模式进行适当的改革与创新，增强体育教学模式的新颖性、多样性与有效性，并积极引入符合学生身心发展的、受大多数学生欢迎的体育活动形式，在保证体育教学模式科学性与实用性的基础上，进一步丰富高校体育教学模式，从而促进高校体育教育事业的高水平发展。高校体育教师在体育教学过程中，开展多元化教学模式的时候，还应该充分了解并掌握学生的实际情况，探索出科学合理且具有特色的体育教育形式，以更进一步地丰富整个体育教育体系，对体育教育相关资源进行充分挖掘与有效整合。在整个教学过程中还可以适当融入一些具有趣味性的元素，以实现体育教学过程的趣味性特色，最终促进高校体育教学有效性的提升。

二、体育教学模式多元化的必要性与可行性

（一）体育教学模式多元化的必要性

多元化已经成为当今社会多个领域发展的普遍追求。在学术领域中，多元化为学术理论的生存与发展提供了更为广泛的空间。在如今的社会中，传统的绝对主义思想已经渐渐被多元化思想所取代，渐渐失去了其存在的意义。在当今信息时代背景下，多元化思想渐渐推动着现代教学模式向着合理化与科学化方向发展。所以，在新时期，对于高校体育教育而言，非常有必要顺应时代发展的需要，自觉改变过去传统单一的体育教学模式，结合本校发展实际，充分挖掘、利用、整合当地教育资源，探索出多种符合实际的新型体育教学模式，进一步丰富体育教育体系，实现体育教学模式的多元化发展，从而促进高校体育教育整体水平有效提升，这是当前高校体育改革过程中的重大举措。

（二）体育教学模式多元化的可行性

1. 课程行政主体的多元化

《义务教育体育与健康课程标准》中指出要对课程管理的权力进行下放，还提出了三级课程管理体制，具体地说，就是建立国家、地方与学校共同管理的课程体制。对于学校而言，将有更多的自由与权力来管理体育教学内容与教学方式等。新课程标准与传统的教学大纲具有比较明显的差异，主要表现为只是制定了教学目标，而对具体的教学内容没有进行详细且硬性的规定。新课程标准还将体育教学目标进行了适当的划分，分成了五个领域和六个水平，但是对详细的评价方法与可行性的评价方案没有进行具体的规定，而是交给高校和体育教师来自行设定。总之，新课程标准的实施，为高校体育教学模式的多元化发展提供了良好的政策环境。

2. 对传统体育课教学模式的反思

在传统体育教学中，主要教学目的在于提高学生的体能素质，并向学生传授运动技术。在传统的课堂教学中，主要运用的是教师讲解示范—分解练习—完整练习—熟练巩固的教学模式，在该模式下，主要以学生的运动技能形成规律为目标。尽管这种体育教学模式有利于增强学生的身体素质，有利于提高学生的运动技能，但是缺乏一定的针对性，不利于学生综合素质的全面发展。该模式没有充分尊重学生的个体差异，没有充分考虑不同学生的实际情况，这种单调传统、缺乏针对性的体育教学模式导致很多原本对体育运动感兴趣的学生

不乐意上体育课。由此可见，这种体育教学模式不利于学生体育素质与综合能力的全面发展。基于这样的情况，作为高校体育教学工作者，应该积极创新，勇于探索，自觉培养自己的创新意识与探索精神，并根据时代发展需要，结合现代体育教学理念，构建出多元化的新型体育教学模式，从而培养出符合时代发展需求的复合型人才。

三、新时期高校体育教学模式多元化发展的策略

（一）加深对体育教学模式多元化的认知

在当今这个信息时代背景下，各大高校应该积极转变自己的体育教学理念，并引入先进的教学理念。在传统的体育教学评价中，教师只是将学生的成绩作为评价学生体育能力的唯一标准，这种评价方式缺乏一定的科学性与全面性，难以对学生进行客观公正的评价。新时期高校体育教师在注重学生体育能力评价的同时，还应该注重学生身体素质、心理素质等多方面的评价。因此，高校应充分认识到体育教学的重要性，适当提高体育教学的地位，实现其学科地位的提升。要想做到这一点，就需要高校体育教学工作的管理者充分认识到体育教学模式多元化发展的重要性，只有如此，才能使得高校体育教学工作者积极转变过去传统的教学理念，在体育教学实践过程中，构建多元化的新型体育教学模式。

（二）创新高校体育教学模式

在信息时代背景下，高校应该以新型的、先进的体育教学理念为指导思想，积极探索出新的体育教学模式。高校体育教师，是整个教学过程的重要主体，是整个教学活动的引导者与组织者，在整个教学过程中发挥着非常重要的作用，因此，体育教师在实际的教学过程中，应该充分尊重学生的主体性，通过在教学过程中适当融入一些趣味性元素，以激发、调动学生自觉学习体育课程的积极性与主动性，鼓励并引导学生主动探索体育学习中的奥秘，培养学生的自主学习能力和实践能力。与此同时，体育教师还可以根据新课程标准的要求，积极开展具有趣味性的体育教学活动。例如，体育教师可以通过分组教学法与比赛教学法相结合的方式，让学生自由组合进行比赛活动，主动参与到体育项目技术的学习中，从而激发学生的学习兴趣与热情，最终实现体育教学效果的提升。

（三）提高高校教师的技术水平

在互联网时代背景下，信息技术已然成为推动教学发展的重要手段，而在信息环境下，高校应该加大力度对体育教师进行信息技术相关训练，如对计算机相关知识的培训，要求教师必须掌握相应的 Photoshop 和 Office 办公软件的使用方法，并将教师的信息技术能力作为教学考核的重要标准。只有这样，体育教师才能够以提升自身的专业水平为要求，不断加强对信息技术的学习，定期与优秀的体育教师进行技术交流，实现共同进步。

（四）加强高校体育教学、科研经费投入

高校体育场地、器材不仅是教师选择教学内容的重要依据，同时也是限制大学生参加体育活动的重要因素。高校体育教师在进行教学研究的过程中，遇到的最大问题就是经费投入不够，这在一定程度上降低了他们从事科研工作的积极性。加强学校体育教学、科研经费的投入，不仅可以激发教师进行教学改革的动机，还可以激发学生参加体育运动的兴趣与热情，同时也是教改研究得以顺利进行的保障。

（五）重视学生在教学过程中的主体地位

素质教育要求把学生作为学习的主体，强调参与、合作、尊重差异和体验成功。教师在选择体育教学模式时，应注重与学生之间的积极互动，共同发展。研究学生的身心特点，因材施教，满足不同学生的学习需要。创设能引导学生主动参与的教学环境，激发学生学习的积极性。努力发展学生的个性特点，使学生养成自觉锻炼身体的习惯，并使“主动”成为体育教学的核心。引导学生自己去掌握知识、技能，掌握锻炼身体的方法，并且实现由“学会”到“会学”的转变，增强学生的学习能力，并使之可持续发展。

（六）运用模式，超越模式

在强调模式重要性的同时，还应充分认识到模式的局限性。其一，模式是在系统分析的基础上抽象和简化而成的，模式一旦构建完成，即具有相对的稳定性。在一定条件下，模式的稳定性会和不断发生改变的系统产生一定的抵触，此时模式就不具备先进的导向性了。其二，构建模式的目的在于在相同条件的区域进行推广，但是，一旦无限扩大模式推广的领域和范围，就会使其与客观实际相脱离，因此模式是不断发展的，模式的推广也是有条件的。适用一切目的和一切分析层次的模式是不存在的，教师最重要的是根据自己的目的去选择

正确的模式，并对多种模式进行综合运用。

综上所述，对高校体育教学模式多元化的探析，旨在改变当前高校传统的教学理念，以信息技术为依托，实现体育教学模式的创新。同时教师应定期开展座谈会，以提高自身的专业技术，创新教学的内容，从而更好地提高教学的质量。

第六节　体育教学的有效性与正当性

一、体育教学的有效性

中学阶段在学生学习生涯中所占比重很高，尤其是高中阶段，学生所要面临的高考让学校把学科的重点教学放在了文化课上，体育课容易被学校忽视，这对于学校的教育工作是不利的。体育课本就在学校课程设置中所占的比重较低，在这样被忽视的情况下，如何提升体育教学的有效性，让学生在稀少的体育课中提高身体素质，帮助他们缓解课业压力，同时激发学生对体育运动的热爱，这是作为一名体育教师所要探究的问题。

（一）教学定位准确，更新教学观念

中学阶段，家长、教师都把大部分注意力放在文化课程上，我们承认文化课程对于学生最后成绩的核心影响，但是不能因此而忽略体育教学的重要性。作为一名体育教师，对体育课程的重要性定位应该是明确的，体育课程的设置应该能够体现出学生的自主性、主动性和创造性。不管别人怎样看待体育课程的价值，作为体育教师，应该明确体育课程对学生的成长是必不可少的，所以对于那些占用体育课程的现象，应该说不。教师需要去接纳新的教学理念，在教学理念的调整更新中改进课程教学。教师应该认识到体育教学对于学生提升身体素质的重要性，在体育教学过程中，教师面向的不是个别学生，而是整个班集体，群体性的教学更需要教师考虑得全面周到。根据不同的年级学生的课业压力，教师要调整课堂教学的体能训练要求。教师要转变旧观念，根据学生的身体素质实况安排教学内容。体育课是开放性的活动课程，但不代表学生就纯自由活动，教师应该保证每节课都提供给学生一些有科学依据的体能训练，有效的体育教学需要教师有意识地去变换教学方式，寻求自己所代表的体能训练要求和学生所代表的运动需求之间的平衡点。在课程实施过程中实践安排固

然很重要，但在此之前，教师有意识地去规划课程，去接纳体育教学中的新鲜观念也很重要。

（二）注重课程训练的科学性

任何一门课程的任课教师都需要专业性的支撑作为提升教学有效性的依据，体育教师也不例外。体育课程和文化课程的不同就在于它的灵活性、不确定性程度更高，体育课程很难像文化课程那样去做详细安排，这就给教学活动的开展带来一定难度。学生离开教室有了难得的缓解压力的时机，但并不意味着体育教师就完全让学生自由安排，怎样把控好学生放松的度以及让学生完成一定量的体育训练，这时就体现出教师的智慧了。

教师除了对于体育知识要有系统性的掌握，还要懂得把专业知识结合学生兴趣，科学合理地呈现在教学过程中。例如，教师在正式教学之前，做好准备活动，在选取教学内容时能够考虑到大部分学生的需求。传统的体育课程设置都是以教师诉求为主的，现在我们不妨尝试做出一些改变，在进行教学活动之前向学生传授一些体育知识，通过讲解帮助学生对即将学习的体育课程内容有一定的了解，然后征询学生的兴趣意愿进行体育活动的安排。当然，开展任何一项体育活动之前，教师都要对整节课有科学的规划，如该节课程要让学生达到什么程度的体能素质，为了实现这一目标又应该从哪些准备活动做起，中间需要增加哪些额外的体能训练等。体育课的开放性和运动性决定了这门课对思维训练和肢体训练都有要求，教师需要科学安排课程内容，打破机械式的体育训练，增加课程趣味性，真正让学生在活动参与中体验体育运动的魅力所在，只有使学生有参与体育运动的渴望，才能激发学生的积极性，才能使学生努力配合教师的课程教学，从而提升体育教学的有效性。

（三）充分利用教具，有效利用丰富的教学资源

传统体育教学就是让学生通过跑、跳等来发展身体机能。而随着时代的进步，在各种运动器材的辅助之下，体育课程给学生带来真正意义上的运动体验，也为学生提供了更加富有真实感的课程教学体验。而且，信息化时代的到来，教师可以通过数据汇集的方式，利用丰富的教学资源，帮助学生进行体能素质记录。不定期为学生记录体能素质测量数据，提高学生对身体素质的关注度，这对于提升学生的课程积极性、专注度是有积极影响的，也可以帮助教师实现体育教学的有效性。

学校体育工作要始终以学生为主，教师不仅要重视学生的文化课成绩，

也要看到体育运动对学生的必要性。体育教师应该有目的、有计划地规划教学内容，充分利用教学时间，真正发挥体育课的效用，让学生在体育活动中得到放松。

二、体育教学的正当性

课堂教学不仅应当是有效的，而且应该是道德的或正义的，这是肯尼斯·斯特赖克所提出的有关有效教学的正当性问题。有时候在追求效率、效益、效能的基础上，会忽略对体育教学正当性的重视，我们往往看重的是成绩、荣誉。人们很少会反过来问问"有效的教学是否就一定是正当的教学？"在教学中，教师往往重视那些成绩比较好的学生，从整体上看，这样的教学可能会提高效率，但它是正当的吗？在体育教学过程中，教师为了让学生达到预期的效果，以损害学生的身心健康为代价，有效地获取了成绩，这样的教学是否就一定是正当的？

（一）正当教学的内涵

正当教学主要指教学者的教学行为和教学实践应符合人类的道德。从内容上来看，包括以下五个方面。（1）正当的教学应当是符合法律要求的，不合法何谈正当。教师在教学过程中应当尊重每位学生受教育的权利。（2）正当的教学应该是平等的。教师要做到一视同仁，平等待人。（3）正当的教学要以学生为中心，要尊重学生，在教学中体现学生的主体性。（4）正当的教学应该是符合道德的要求的。如诚实守信，公平正义等。教师在教学过程中要提高学生的道德修养，培养学生成为有德之人。（5）正当的教学即教师能够发挥带头作用，做到宽严有度、松紧有法。

（二）从正当教学的角度看体育教学中存在的问题

1. 一味地提高有效的教学，而忽略了对正当性的重视

教学正当性是教学有效性的前提，教学有效性是教学正当性的核心，两者相辅相成，缺一不可。有些教师一味地按照学校过旧的制度去要求学生，迫使学生去做自己不愿意做的事，最后可能造成学生破罐子破摔，阻碍学生的身心健康发展。

2. 一味地只按预设的结果来教学

教师在安排课时，预期学生在这堂课中所要达到什么目标，早以心中有数。

如教师在课前备课和准备等一系列的工作在教学中是不可替代的，但这只是一小部分，它展现出了一种“生成性”，而它的生成性在于预设，只是一种构思和可能，体育教学实践过程是无法预设的，有些情况可能会出现，也可能不会出现。因为课堂是“活”的，而不是定性成那样就是那样的。教学的有效性过于注重预设性，而忽略了教学过程中发生的意想不到的情景，一味地陷入了机械式的教学观念。

3. 一味地体现出以教师为主要角色

教学活动是教师的教和学生的学的双边活动。我们提倡“以学生为中心，以学生为主体”的教学活动。从目前教学情况来看，运用到实践中去，两者还是含糊不清的，没有体现出学生的主体性。教师在讲解时，剥夺了学生的发言权利，使学生渐渐形成了不发言的意识，像这样的教学能体现学生的主体性吗？在体育教学实践中，教师与学生之间，学生与学生之间有语言交流的同时，也要有肢体的交流，这样特殊的交流会导致教学过程中的随机性和不可预测性，因此要注重教学的正当性。

三、体育正当教学应采取的措施

（一）保证每一位学生都有参与体育活动的权利

体育课程在中小学是一门必修课程，每一位学生都有上体育课的权利。体育教师的职责不是禁止学生上体育课，而是鼓励学生积极参与体育活动。在体育实践过程中，有些学生不遵守课堂规则在课堂上调皮捣蛋或者有些学生身体有些残缺，教师就算是为了提高教学的有效性，也不能禁止他们参与体育活动。教师应做到：用自己的智慧和良好的教法去吸引学生，对于那些不愿意参与体育活动的学生，教师要积极地做思想工作，多去跟学生沟通；对于那些上体育课有困难的学生，教师要把他们领进操场，让他们观察体育带给人的快乐。

（二）从正当性的角度看体育教学要做到区别对待

“区别对待”教学原则在体育教学中尤为重要，由于同一年级、同一层次的学生在智力方面可能差别不太大，而在身体素质和运动技术方面，他们存在着很大的差距，因此会造成学习运动技术快慢的问题。教师为了提高教学的有效性，对那些学习较快的学生相当重视，而忽略了学习较慢的学生或身体有缺陷的学生，这样的教学是不正当的。教师要根据学生的身体素质、运动能力、兴趣爱好，合理地分组，在有效性教学中要确保教学的正当性。

（三）确保以学生为主体

在体育教学实践过程中，学生也有自己的观点和主见，教师不要把学生当成是实现某种外在目的的手段。如一些体育教师片面地认为体育课以学生为中心，觉得讲解、示范、传授越少越好，而把大量的时间留给学生练习，教师却成了闲人，学生迷迷糊糊地就上完了一堂体育课。我们应该让学生不是消极、被动地接受教育，而是让他们主动、刻苦、有创造性地去学习。不是说以学生为中心，教师就没有意义了，而要把两者结合起来，把握好课的尺度，从而使教学达到较好的效果。

第六章 高校体育教学训练方法路径

第一节 力量素质和速度素质训练

一、力量素质训练

多数体育生都是在高二才加入体育训练的队伍中来的，由于没有长期系统的专业训练，想要在短期内迅速提高运动能力进而取得优秀的体育高考成绩极易在训练过程中走入误区，进而造成运动成绩起伏不定或停滞不前的现象。体育高考主要分为身体素质和球类两大考核部分，力量素质作为身体素质的重要组成成分，将直接影响体育高考的总成绩。因此，在力量素质的训练过程中，避免误区争取训练效果的最大化显得尤为重要。下面将从以下几点对力量素质训练的注意事项进行阐述。

（一）力量素质的发展既要全面也要突出重点

肌体作为一个有机的联系整体，不能靠某一部分的肌肉单独发力来完成动作。针对相对复杂的技术动作，全身不同肌群的整体配合才能完成。通过男子百米赛跑可以看出，优秀运动员均重视全身肌肉力量的协调发展，而不是单纯强调下肢或局部力量素质的发展。因此，在发展力量素质的过程中，发展下肢力量素质的同时也应该加强上肢、胸、腰、背和臀等部位大肌群，以及深层次肌群和其他薄弱小肌群的锻炼。

（二）做好充足的准备活动，训练结束后要及时放松肌肉

在正式参加比赛或训练前一定要做好各项准备活动。通过准备活动可以提高中枢神经系统的兴奋水平，增强肌体对大负荷强度刺激的感觉；增强氧运输

系统的机能，从而提高工作肌群的代谢水平。此外还可以使人体体温提高，降低肌肉的黏滞性增加其弹性；让肌肉发挥最大的收缩功能，同时还能有效地预防肌肉损伤。力量训练结束后，乳酸的堆积使得肌肉常常会出现充血肿胀的现象。因此，在力量训练结束后要及时通过各种活动性手段，并保证良好的睡眠、合理的营养补充以及采取按摩理疗等，使肌肉充分放松。

（三）集中注意力，加强安全保护意识

肌肉活动总是在中枢神经系统的调节下进行的，力量练习时要集中注意力，充分靠目标肌群有效发力完成动作练习，真正做到使意念活动与练习动作紧密保持一致，练哪里靠哪里发力。这样不仅可以使肌肉力量得到更好的发展。还能降低在大负荷练习时的受伤概率。另外，为了加强力量练习时的安全性，还应加强学生的自我保护和互相保护意识，在大负荷重量练习时严禁单独训练。在临近力竭时，更应该注意同伴之间的保护，以预防安全事故的发生。

（四）与专项动作相结合，保证技术动作的规范性

不同的专项动作有不同的技术结构，要求参加工作的肌群力量也不同。如投掷类项目要求学生竭尽全力地使器械获得最大的加速度。因此，在力量训练的过程中要根据专项技术的动作结构来选择恰当的练习方法，从而更好地发展有关肌群。在实际力量练习时，必须按照相关动作的技术要求严格进行，身体姿势如果不正确，就会导致技术动作变形，这不仅会影响目标肌群的训练效果还会增加运动损伤发生的概率。例如，在进行杠铃深蹲练习时需要双眼平视前方，始终保持收腹挺胸腰背部挺直，靠大腿、核心部位肌群协同发力。针对大负荷训练要系好腰带，严防弓背的出现。为了进一步加强安全保护，可以在杠铃两侧安排两名保护人员以防腰部损伤。

（五）要掌握正确的呼吸方法

憋气有利于固定胸廓，提高核心肌群的紧张程度，通过有效的憋气可以提高人体在极限状态下完成动作的最大力量。有学者研究发现，人在憋气状态时背力最大为 133 公斤，在呼气时为 129 公斤，而在吸气时只有 127 公斤。尽管如此，也应该注意过度用力憋气会引起胸廓内压力的提高，使动脉的血液循环受阻，而导致脑贫血，甚至让人出现休克现象。因此为避免憋气产生不良后果，当短时间内完成最大用力时，应尽量避免憋气，尤其在负荷不大地重复做练习时，更不要憋气。针对初始训练者，应尽量减少极限用力的练习，引导其在练习过程中学会正确呼吸，此外应尽量减少在完成力量练习前做最深的吸气，因

为过度深吸气会增加胸廓内的压力，从而导致练习效果不佳。

（六）要制订系统的训练计划

根据用进废退的原理，力量素质训练应全年系统安排，不能无故中断。相关研究表明，力量增长得快，在停止训练后消退得也快。但是，发展力量素质练习不宜在疲劳的状态下进行，因为这种状态下的练习主要发展的是肌耐力而不是肌力量，同时可能还存在潜在的安全隐患，至于训练效果更是会大打折扣。

力量素质训练应该依据不同人群、不同项目以及训练任务的不同而区别对待，负荷的安排应具有明显的周期性、波浪式特点。力量训练的次数应根据训练所处的阶段和周期，需要达到的具体目标，训练者的年龄、性别、身体状况，特别是现阶段的训练水平等做出具体安排调整。需要注意的是在体育高考前半个月内，应尽量少对大肌群进行极限负荷的练习。在每次训练中，先安排最大力量、速度力量的练习，最后安排力量耐力的练习。

在进行力量素质的训练时应使全身各肌群得到充分锻炼。一般按照从下肢肌群到核心肌群再到上肢肌群和肩带肌群顺序进行练习。根据专项训练要求应先练习复合动作使主要的大肌群得到锻炼，然后练习孤立动作使局部肌群得到充分锻炼。

力量素质作为身体素质的重要组成部分，对体育高考总成绩发挥着重要的作用。教师应该高度重视力量素质的训练，使学生掌握有效的训练方法，确保学生在有限的时间内不断提高训练水平，为体育高考做好充分的准备。

二、速度素质训练

速度素质指人体快速运动的能力。包括人体快速完成动作的能力和对外界信号刺激快速反应的能力，以及快速位移的能力。现代中职院校学生身体速度素质和十年前相比表现出明显不足，学校体育教师、教练员可结合实际加强对学生速度素质的培养，全面提高学生的速度素质，从而带动学校体育活动的开展。

（一）反应速度、动作速度和移动速度

反应速度指人体对各种信号刺激快速应答的能力。动作速度指人体或人体某一部分快速完成某一个动作的能力。移动速度指人体在特定方向上位移的速度，以单位时间内肌体移动的距离为评定指标。一位具有良好移动速度的运动员，不一定也具有良好的反应速度。

（二）各项速度素质的训练应明确的问题

1. 反应速度训练应明确的问题

首先，反应速度由神经反射通路的传导速度所决定，基本属于纯生理过程，不受其他因素影响。纯生理过程的提高是相当困难的，很大程度上取决于遗传因素，通过训练可使学生潜在的反应速度能力表现出来并稳定下来。其次，在训练中学生注意力集中与不集中大不一样，注意力集中神经系统则处于适宜的兴奋状态，肌肉处于紧张待发状态，此时，肌肉的反应速度比处于松弛状态时可高 60% 左右。这种状态有时间限制，一般适宜时间为 1.5 秒左右，最多 8 秒。因此，短跑运动员在预备起跑时，要紧紧地压住起跑器，把思想集中于准备迅速迈出第一步。最后，反应速度的提高在很大程度上取决于运动员对信号应答的动作的熟练程度。在进行反应速度的训练时，还要经常改变刺激因素的强度和信号发出的时间。

2. 动作速度训练应明确的问题

在进行动作速度训练时，提高应与掌握和保持正确的技术动作紧密地结合在一起。专门性的动作速度训练与专项比赛动作要求相一致。在以反复做某一个规定动作为手段发展动作速度时，应合理地变换练习的速度。练习的持续时间一般不宜过长，动作速度的训练强度较大，对学生的兴奋性要求较高，一般讲不应超过 20 秒。练习与练习之间的间歇是由练习的强度所决定的，练习强度大，需要的间歇时间就应长一些。但也不要忘记，间歇时间过长会导致兴奋性下降，不利于用剩余兴奋去指挥后边的练习，如持续时间 5 秒、强度达到 95% 以上的练习，间歇时间以 30 ~ 90 秒为宜。

3. 移动速度训练应明确的问题

首先，测定移动素质的手段常用短距离跑。距离不要过长，可用 30 ~ 60 米的距离；最好不从起跑计时，而测定其全速跑通过某段距离所用的时间；在学生不疲劳、神经兴奋性高的状态下测验；可测定 2 ~ 3 次，取最佳成绩。其次，最大步频和快速跑中的支撑时间对学生的快速移动能力有着重要影响，优秀运动员单脚撑地时间为 0.08 ~ 0.13 秒，普通人为 0.14 ~ 0.15 秒。再次，提高移动速度有两个基本途径：一是力量训练，使运动员力量增长，进而提高速度；另一个是反复进行专项练习。无论通过哪个途径提高移动速度，训练中都必须重视确定适宜的训练负荷。最后，在训练实践中学生力量得到提高，并不意味着其移动速度马上可以提高，有时当力量训练负荷减小以后，其移动速度才有所提高，这种现象叫“延迟性转化”。

三、提高各项速度素质的常用手段

（一）提高反应速度常用的手段

信号刺激法，利用突然发出的信号提高其对简单信号的反应能力。运动感觉法，需要经过三阶段。一是让学生快速地对某一信号做出应答反应，然后教师把时间结果告知他。二是先让学生估计时间，通过测定进行比较，提高学生对时间的准确感觉。三是要求学生按事先所规定的时间去完成练习，这样可以提高学生对时间的判断能力，促进其反应速度的提高。选择性练习法，具体做法：随着各信号复杂程度的变化，让学生做出相反的应答动作。

（二）提高动作速度常用的手段

利用外界助力控制学生的动作速度，在使用时必须掌握好助力的时机及用力的大小，同时还应让学生很好地感觉助力的时间及大小，以便他们能独立地达到动作速度的要求。减少外界自然条件的阻力，如顺风跑等。利用器械重量变化而获得的后效作用发展动作速度。借助信号刺激提高动作速度。缩小完成练习的空间和时间界限，如球类利用小场地练习。

（三）提高移动速度常用的手段

学生发展最高移动速度每次练习的持续时间不能过长，一般地讲，应保持在 20 秒以内。多采用 85% ~ 95% 负荷强度，练习的重复次数不应过多，以免训练强度下降。确定间歇时间的长短，间歇时间应能使学生肌体得到相对充分的恢复，以保证下一次练习的进行。休息时，可放松慢跑、做伸展练习。可通过各种爆发力的练习和高频率的专门性练习提高移动速度，如高抬腿跑、小步跑、后蹬跑、车轮跑等。也可利用特定的场地器材进行加速练习，如斜坡跑和骑固定自行车等。

四、速度素质训练的基本要求

（1）速度素质训练应结合学生所选择的专项运动进行，如在短跑项目中应着重提高他们听觉的反应能力，在球类运动中应着重提高他们视觉的反应能力。

（2）速度素质训练应在学生兴奋性高、情绪饱满、运动欲望强的情况下进行，一般应安排在训练课的前半部分。

（3）速度提高到一定程度时，常会出现进展停滞、难以提高的现象，这一现象称为速度障碍。出现速度障碍时，可采用牵引跑、变速跑、下坡跑、带领跑、顺风跑等手段予以克服。

（4）掌握学生的实际身体情况，科学地安排速度素质训练。由于移动速度具有多素质综合利用的特点，移动速度的发展与力量、耐力等其他身体素质的发展有着密切的关系，因此，对学生进行速度素质训练的同时，要十分重视身体全面素质的训练。

第二节　耐力素质和柔韧素质训练

一、耐力素质训练

近几年来，国家在推进素质教育的同时，也相当重视学校体育和学生健康，首届全国学校体育工作会议中，提出要把学校体育与开展“全国亿万学生阳光体育运动”作为全面推进素质教育的重要突破口和主要工作方面。《中共中央国务院关于加强青少年体育增强青少年体质的意见》中明确指出要全面组织实施初中毕业升学体育考试，并逐步加大体育成绩在学生综合素质评价和中考成绩中的分量。

学校体育作为培养人养成终身体育习惯的重要途径，贯穿学生学校学习的全过程。教师有必要通过学校体育课堂对学生进行耐力素质训练，增强学生心肺功能，提高学生身体素质。

（一）将耐力素质训练融入体育课中的必要性

1. 耐力素质训练可有效促进学生身体素质的发展

耐力素质指人体在尽可能长的时间内进行肌肉活动的能力，耐力也可看作对抗疲劳的能力。长期的耐力练习，可以使大脑皮层长时间保持兴奋与抑制有节律的转换，从而使大脑皮层神经过程的均衡性得到改善，神经细胞的工作能力和支配肌肉活动的各运动中枢之间的协调能力也得到改善。特别对提高心血管系统和呼吸系统的机能具有良好的效果。

从小学到初中，再到高中、大学人体都在不断地生长，而不同年龄阶段身体骨骼和肌肉坚实度有所不同，所以我们要根据学生在不同年龄阶段、不同发展层次的身体特点，有针对性地去加强学生的身体素质，注意学生在体育锻炼中的量和强度问题。对于中、小学生而言，我们更多强调的是有氧耐力练习，这样更有利于学生的身体素质的发展。耐力素质的不断提升，是学生自己所喜欢的一些项目的学习和提高的体能保障。

2. 耐力素质是保证持续完成任何运动的前提

身体素质中包括五个方面即力量、速度、耐力、灵敏、柔韧，在五项基本素质中，耐力是其他四项素质提高的保障。如百米跑后程就需要耐力做保障，进行肌肉力量练习做的组数多或做的练习类型多同样也需要耐力做保障。耐力是保证持续完成任何运动的前提，有很多运动爱好者无论是在球类运动还是在其他运动中，除了技术，到最后拼的都是耐力，只有身体持续不断地提供充足的能量，运动者才能更好地发挥出自己的水平。

国家人才基本都是从学校这个大门走出来的，我们在学校体育课的教学中强调耐力素质的重要性，学生一步一步地从小学、初中、高中、然后到大学，学校生涯里练就了他们健康的体魄、充沛的体能、旺盛的精力，使他们能够以饱满的精神状态和健康的身体状况投入社会主义各个行业的工作岗位上去，并养成终身体育的习惯，时时刻刻都有一个好的身体基础，良好的锻炼习惯，像一部崭新的机器一样良好地运转着。由此看来，在学校体育课中，将耐力素质训练融入其中就显得更加紧迫了。

（二）推动体育课中耐力素质训练的方法

1. 考虑学生运动需要，激发学生的运动兴趣

在体育课程中，采用哪些方法、开展哪些内容去推动耐力素质训练，教师首先要考虑的就是学生的运动需要，怎样激发学生的运动兴趣。

什么是运动需要？运动需要就是学生对体育运动的自身价值所产生的趋势，或是想掌握某项体育运动技能的一种需要。如何判断学生的运动需要？我们可以从健身锻炼的方向出发，结合体育心理学方面的知识，以及学生的兴趣爱好，考虑他们的情感需要，找出学生的运动动机和运动兴趣所在，通常他们的运动需要一旦得到满足就会产生运动的愉悦感，从而激发了其运动兴趣。所以说，学生的运动需要是其运动兴趣得以激发与培养的源泉。

除运动需要外，融洽的师生关系、现有运动技能水平、运动内容的新奇性与适应性、成功体验的获得等都是影响学生运动兴趣的主要因素。其中，融洽的师生关系可以保证教师引导学生向健康积极的方向上发展。

2. 丰富健身运动形式，通过游戏性比赛调动学生运动积极性

最近几年体育活动研究者提出了很多好的健身锻炼方式，如健身田径运动、

少儿田径运动、自然环境中的田径运动、趣味性的田径运动等，这些都是从不同角度和方面去让运动更有价值、意义和趣味。

这里提到的健身田径运动，也都是结合了田径中最基本的走、跑、跳、投掷等各种技能，既是人类运动的基础，也是表现基础运动能力的专门技能，如散步、快走、定时跑、定距跑、走跑交替、跳绳、跳跃游戏等，对于学生来讲负荷适宜、效果全面、条件随意、终身受益。因此，我们可以丰富健身运动形式，通过游戏性比赛调动学生的运动积极性和提高学生对所学知识、技术的综合运用能力。

3. 进行适宜耐久跑，逐步提高学生耐力素质水平

适宜距离、强度、速度的耐久跑会给学生身心带来愉悦。所以耐久跑应以中等强度、保持适宜的时间、确定适宜的距离为前提，提倡个人根据自己的实际情况，确定练习方式和负荷，以个人自我进步度的评价作为控制练习的依据，避免出现因“比赛”和“达标”等约束条件的影响，被动性地超出个人能力范围，造成运动伤害。

教师应在耐久跑中使学生懂得耐久跑的价值与作用，使其了解跑的正确方式和节奏，并能在跑前、跑后进行自我脉搏测量，懂得耐久跑的心率应控制在120 ~ 150 次 / 分钟为宜。体育教师可以根据自己学校的实际情况，做到灵活变动和因地制宜。

关于跑的正确动作和节奏，教师应给予学生指导。一是要使学生形成正确的跑姿和学会正确的跑的方法，养成耐久跑的习惯。教师可以通过图片、媒体展示或师生简述与示范，使学生了解并掌握耐久跑的正确动作，能够做到动作轻松，步伐均匀，重心平稳。二是要使学生学会呼吸方法和掌握呼吸节奏，这是练习耐久跑的基础。学生在运动时主要靠提高呼吸频率来增大肺通气量，而呼吸深度增加不多，可能与他们平时运动少没有掌握呼吸方法有关，经常参加体育锻炼，可以大大提高他们的呼吸功能。教师要在慢跑中有意识教会他们正确的、有节奏的呼吸方法，让他们注意加深呼吸的深度。

只要能做到以上几点，教师认真负责且有针对性地指导学生练习，会慢慢地提高不同阶段学生耐力素质的水平。只有坚持参加体育锻炼，学生的耐力素质水平才会提高。

二、柔韧素质训练

科学技术快速发展的今天，人类社会无论是在社会科学上，还是在人文科

学上都得到了前所未有的突飞猛进，这一系列的发展促进了我们的生活水平的提高。科学技术的进步，使得整个社会得到较大的发展，当然这也大大提高了体育在世界上各个国家的地位，体育实力象征了国家的实力。

众所周知，柔韧素质是提高训练水平的重要因素之一，柔韧素质的提高不但有利于技术动作很好地完成，而且有利于提高动作质量与动作幅度，其表现为协调性的不断提高、节奏感强、运动能力的明显增长等。学生如果不在柔韧性上做大强度，进行高效率的训练，那么他们在运动技术方面将很难得到较大的提高。因此，教师必须充分重视柔韧素质，使学生能够科学地进行训练。

（一）柔韧素质的理解

体能是人体三大供能系统能量代谢活动的基础，是通过骨骼肌的做功所表现出来的运动能力。体能是学生的基本运动能力，是学生竞技能力的重要构成因素。

1. 柔韧素质的概念

柔韧素质指各关节活动范围的大小及肌肉、肌腱、韧带等组织的伸展能力。在《牵伸训练》一书中“柔韧性”一词指“正常”范围内的运动能力。

2. 柔韧素质的分类

①静力性柔韧性，它是静力性牵伸的结果。②弹性柔韧性，通常跟摆动、弹起、弹回和节律性运动有关。③动力性或功能性柔韧性指在以正常速度或快速进行活动时身体一系列关节的运动能力。④活动性柔韧性指没有外力辅助的条件下，肌肉主动运动的活动范围。

（二）目前国内对“柔韧素质”研究的文献分析

笔者通过查阅中国期刊全文数据库、贵州师范大学图书馆馆藏、贵州数字图书馆馆藏以及大量与柔韧素质相关的文献，发现当前涉及柔韧素质的相关文献多数研究的是体育运动中柔韧素质的重要作用及地位和体育运动训练中柔韧性的训练方法和手段等，涉及体育运动中柔韧素质的可实施性、实施对策和建议的文献相对较少。从笔者掌握的文献来看，当前对体育运动中柔韧素质的探讨和研究基本集中在以下几个领域。

1. 柔韧素质在体育运动中的重要作用及地位

《PNF 训练对少儿艺术体操练习者柔韧素质的影响》中提到通过对实验组和对照组两组实验结果数据的对比分析和对每名练习者自身的两次数据进行对

比分析，可知艺术体操训练者通过系统的训练，如PNF训练和传统柔韧素质训练都能使柔韧素质得到相应的提高。艺术体操练习者柔韧素质训练采用PNF训练法，相比较传统柔韧素质训练的负荷强度而言，相对较小的负荷强度，可以使柔韧素质得到显著提高。拉伸法不仅仅在提高肌肉的柔软性方面有很大的作用，而且也能够很明显提高肌肉发力的柔韧性，可以作为训练柔韧性的一种很好的方法。静力性拉伸法可以提升柔软性，但对于肌肉的柔韧性的提升并不是很理想。刚开始柔韧训练可以采用静力性拉伸法进行练习；训练到一定阶段后，可以用PNF拉伸法进行训练，以便适应各个阶段的训练需求。

《静力拉伸和动力拉伸对提高柔韧素质的研究综述》中表示，人们虽然有静力性拉伸优于动力性拉伸的想法，但是相关方面的研究仍显不足，仍需实验数据的支撑。从搜集的资料上来看，大部分研究都集中在练习手段的开发上，专门针对动力和静力练习效果的研究较少。由于人们对于柔韧素质训练认识程度不够，对操作不熟悉，很容易在训练和健身过程中造成运动损伤，影响运动成绩和训练热情。

《论柔韧素质在跳高运动员身体素质中的重要地位》中指出身体素质是人体器官、系统机能在肌肉工作中的反映。它是身体发展，体质增强的主要内容，也是一个人健康水平的重要标志。身体素质是一个人从事各项体育运动的基础，是取得优异运动成绩的根本保证。发展和提高身体素质是体育教学训练中的重要任务，是提高一个人运动水平和运动技术的根本保障。良好的身体素质是运动能力的掌握和提高的关键。因此，身体素质的发展状况对掌握、巩固和提高技能技术，顺利完成教学和训练任务来说是极其重要的，我认为柔韧素质在其中起到主要作用。

以上对柔韧素质的重要作用及地位从多个角度进行了系统而全面的分析和研究，较为准确地指出了柔韧素质在体育运动教学和训练中的重要作用和地位，并进行了高深度、多视角的读解。

2. 体育运动中柔韧素质的技术教学及运动训练方法

《青少年短跑运动员的柔韧素质训练探析》中指出青少年田径短跑运动员广泛存在着柔韧素质比较差的问题，导致了他们在协调性上也较差，在技术动作上他们的缺点是动作幅度小而生硬，这种情况使他们在运动技术的提升和训练成绩的增长上也受到了很大的影响。青少年阶段正是生长发育旺盛的时候，年龄的增加会带动身体状态、机能等方面发生很大的变化，因此在青少年时期如果我们能够对运动员进行一系列有计划、有目的的柔韧素质训练，这将会使他们很快地掌握短跑技术、技能，并且不断提升运动的水平。柔韧素质练习的基本方法与手段有以下几个方面。（1）静力拉伸练习法。将平缓的动作保持在静止不动的状态，从而使肌肉、韧带等软组织拉长到一定程度，在这个拉伸过程中，肌肉、韧带能够获得较长时间的刺激，这是此方法的一个重要的特征。（2）动力拉伸练习法。（3）自主拉伸运动法。它是一种屡次重复相同动作的有规律的运动方法。在短跑训练中这种练习方法有一个主要特征，就是肌肉强度改变的最大值在自主拉伸的时候大概比静力拉伸大两倍。

柔韧素质练习一般步骤：第一，正弓步压腿，这是为了提高腿部后侧肌肉的柔韧性；第二，侧弓步压腿，是为了提高腿部内侧肌肉的柔韧性；第三，后压腿，是为了增加腿部前侧肌肉的柔韧性。在我们的研究中发现，一些运动员往往会忽略了柔韧素质的训练，为了提升成绩只是在速度和力量上进行练习，这种情况会造成他们的练习效果较差。柔韧素质的好坏一定程度决定了其他素质的发展，它是联系各素质的一种良好的媒介。

《柔韧素质锻炼方法》中指出柔韧素质是很多体育运动项目必须具备的重要体能之一。针对学生的柔韧素质的提升，教师采取了一系列方法策略，并收到了很好的反馈。

（1）吻靴。

目的：低弓步压腿，重点训练膝关节的柔韧性。

动作方法：训练者一条腿屈膝成半蹲状态，另一腿向前伸直成弓步，脚跟着地，勾脚尖；身体前屈两手抓住前伸的脚尖；两臂屈肘用力向后拉，上体屈髋前俯，头以及下颏尽力去碰触脚尖；坚持几秒后上身缓缓抬起，间歇一会儿后换腿重复练习。

（2）双人拉锯练习。

目的：用于提高学生腰背部、腿部后侧和膝关节韧带。

动作方法：两人一组对面坐地上，脚脚相对，腿伸直，上体前屈，手相扣前后拉动。

（3）扶腿压前屈。

目的：提高腰部、腿部柔韧性。

动作方法：一人仰卧，两腿并拢，两腿做体前屈，一人扶其腿下压。

（4）脚迈过“圈”。

目的：提升身体柔韧性，增进腰腹肌肉力量。

动作方法：人站立两手相握放体前，身体前屈，左右脚依次从两手臂和躯干成的圈内迈出；当脚都迈出后，两手不松，身体保持正直，两手由臀后侧朝上提起，双手相扣放于身体后面。

（5）“马咬尾”伸展练习。

目的：训练腰腹部肌肉的柔韧性。

动作方法：训练者膝跪于地手撑地，向左扭转脊柱，尽力从肩部看到左侧臀部，左侧臀部可向前轻微移动；几次后，脊柱换方向扭转。

（6）钻膝拉手。

目的：提高身体柔韧性，拉长肩背部肌肉和韧带。

动作方法：训练者站立，双腿膝部外开，腿部成“O”形，身体前屈，手臂从腿部内侧穿进，穿过膝关节后，再屈双肘，臂于小腿前，双手放在脚踝前相扣。

（7）跨绳比赛。

目的：提升身体柔韧性。

动作方法：两手握绳于身体前面，两腿从绳上跳过，再跳回来。

《三种拉伸方法对于提高艺术体操运动员韧素的实效对比研究》中指出PNF拉伸方法能够有效地提高艺术体操运动员肩关节、髋关节柔韧素质水平。与动态拉伸方法和静态拉伸方法相比，PNF拉伸方法除了在柔韧素质水平的提高方面成果显著，柔韧素质的训练成绩还能表现出持续性、渐进性提高的趋势。静态拉伸方法对于柔韧素质的改善效果虽然优于动态拉伸方法，但是在提高柔韧幅度与速度方面均落后于PNF拉伸方法。动态拉伸方法一定程度上能够提高运动员的柔韧素质，但是保持成绩的能力最差。有研究证实了拉伸训练对改善艺术体操运动员的柔韧素质水平有重要意义。

以上对柔韧素质的技术教学及运动训练方法做了分析与探讨，并提出了多种在体育教学与训练中行之有效的练习柔韧素质的方法。

综上所述，从目前的研究成果来看，当前研究体能中柔韧素质的文献大多集中在对柔韧素质的作用、重要性、地位以及锻炼方法等领域，大致分为体育运动中柔韧素质的重要作用及地位和竞技体育运动中柔韧素质的技术教学及运动训练方法方式的分析两个方向，但少有关于柔韧素质在学校体育教学中发展的对策和建议的文献。对学校体育教学中柔韧素质的发展具体可实施性进行研究是非常有必要的，可使学校体育课更加便于开展以及开展得更好，从而促进学生体育能力的增长。本节试图通过对当前学校教学中运用的练习方法的现状进行调查与分析，以找到更多的能够更好地在体育教学中发展柔韧素质的可实施的方法。

第三节　灵敏素质和协调能力训练

一、灵敏素质训练

原则是人们依据客观事物运动的内在规律而制定的在实践中必须遵循的法则或标准。运动训练原则是依据运动训练的客观规律确定的组织运动训练所必须遵循的基本准则。灵敏素质的训练也有其自身规律，只有遵循这些规律才能系统、有效地发展运动员的灵敏性。根据运动训练原则并结合灵敏素质的特征，笔者依据多年训练实践认为，灵敏素质的训练应遵循三大基本原则。

（一）健康安全与竞技需要原则

1. 健康安全原则

“以人为本”是现代社会的根本要求，社会的发展是为了人的发展，人类社会创造的一切都应是为了人类全面、自由的发展。体育运动当然也不例外。然而，现代社会的高度发展却使人的发展走向歧途，而体育的发展似乎也没能找到自己的真谛。

健康安全是一个人生存的基本权利，是人从事体育活动或其他活动的基础。田麦久教授指出，健康是运动员的基本权利，是运动员保持系统训练的重要基础。运动训练以取得运动成绩和提高竞技能力为主要目的，而现代运动训练理论中恰恰缺失了关于运动员健康的内容。实践中，教练员提倡“三从一大”的训练模式，从思想上提倡、鼓励“轻伤不下火线”，导致运动员的小伤小病更加严重，甚至断送其运动生涯。主流媒体也在舆论上鼓励运动员带伤训练或比赛，甚至把这些行为作为一种精神大加宣扬，让人们误认为好像只有带伤训练、比赛才是顽强拼搏的表现。

安全保障是确保运动员免受伤害的关键。在运动训练或比赛过程中，应尽量保证运动员的安全，避免伤害事故的发生。灵敏素质练习对运动员的身体有较高的要求，所以，灵敏素质练习一般安排在训练课的前半部分。灵敏素质练习前，教练员需调动运动员的积极性、激发运动员的训练动机，在其体力充沛、注意力集中、精神饱满的状态下进行练习，以获得最佳训练效果。另外，教练员应变换练习手段，根据不同阶段或练习重点使用不同的灵敏素质练习手段。例如，沙滩排球运动员在徒手练习时需注意变换动作和改变方向，再结合球进行训练，这样既可以提高其判断能力，也可以根据需要对预判、变向和变换动作的能力进行练习。准备期可以重点发展一般灵敏素质或对三类灵敏素质分别进行训练，逐步提高。比赛期则以专项灵敏素质训练为主。

灵敏素质训练也应以运动员的身体状况良好为基础。因为灵敏素质训练是高强度的练习，危险系数较高，与一般的康复性训练有很大不同，运动员在身体状况不好或有伤病的情况下不应参与灵敏素质训练。运动员进行灵敏素质练习或测试时，需确保其处在安全的训练环境中。首先，保证训练或测试地面与比赛地面要求一致，包括合适的服装和鞋子。若在硬地上测试要保证地面防滑，运动员应穿着相应的训练服装和防滑的鞋子。其次，有充分的练习空间，确保运动员安全地完成练习或测试。最后，进行灵敏素质练习或测试时，运动员应集中注意力。

2. 竞技需要原则

竞技需要原则是由项目特征所决定的，教练员应时刻考虑灵敏素质训练要满足项目需要，不同项目对灵敏素质的要求不同。简单地将灵敏素质分为一般灵敏性和专项灵敏性不是目的，对专项灵敏性进行深入分析，进而得出专项灵敏素质的练习方法才是关键，使其从能量消耗特征、项目的技术特征和力学特征等方面贴近项目。训练学专家指出：肌体对刺激的适应具有较强的专一性，长期缺乏针对性的训练，无法使肌体适应专项的要求，结果必然导致运动成绩的下降。根据竞技需要选择灵敏素质练习方法的依据有供能特点、动作形式和移动的速度等，以便使训练效应更好地转移到专项竞技能力中。如果一个项目需要大量的侧向移动，那么练习中应体现这一需求。例如，沙滩排球训练应根据项目的预判特点、变向特点和动作特点分别进行，并达到自动化的程度，这样才能确保灵敏素质训练贴近比赛。

（二）适宜负荷与区别对待原则

1. 适宜负荷原则

训练效应的生理基础是人体对刺激的适应，而负荷就是这种刺激。也就是说，任何训练效应的获得必须通过对运动员施加负荷才能实现。我们必须明确的是，人体的适应能力并不是无限的，在训练过程中当人体的适应能力正向发展时，常伴随运动成绩的提高；而当人体难以适应持续的负荷时，常伴随运动成绩的下降。所以，对负荷的控制已成为运动训练学研究的焦点，灵敏素质的训练同样存在运动负荷的问题。

灵敏素质是以磷酸原系统供能为主的素质，练习时强度较大，易产生疲劳，所以，每次练习后应有足够的休息时间，以保证肌体磷酸原的基本恢复。运动生理学研究表明，每千克肌肉中含 15 ～ 25 mg 磷酸原，该系统的供能时间一般不超过 8 s，而磷酸原恢复一半的时间大约是 30 s，完全恢复所用的时间大约是 3 ～ 4 min。所以，在进行灵敏素质训练时，一般练习时间不应超过 10 s，以充分发展灵敏素质供能系统的能力。两次练习之间的休息时间应超过 30 s，一般为 30 ～ 50 s；组间间歇应稍长一些，一般为 3 ～ 4 min，以保证磷酸原含量的恢复。为了使运动员较长时间保持良好的灵敏性，应适当提高运动员的糖酵解供能能力和有氧代谢能力。研究表明，运动员尽力保持速度进行灵敏素质的练习仅能维持 7 s，一般而言，敏捷性、加速度和快速脚步的练习时间应保持在 3 ～ 5 s，灵敏素质的纯练习总时间一般不超过 4 min。

运动负荷主要强调运动量、运动强度及间歇时间。进行灵敏素质训练时，对强度的控制，教练员可以通过运动员完成练习所用的时间（一般情况下如果练习的速度降低 10% 以上，应停止灵敏素质练习，说明疲劳开始发生，并且功率下降）和运动员的心率来间接评价。有经验的教练员还可以通过观察获得重要信息，如当运动员动作技能下降，特别是制动时动作不稳、制动能力下降时，应考虑延长间歇时间或停止灵敏素质训练。

2. 区别对待原则

区别对待原则指在运动训练过程中，根据运动员的特点、训练水平，因人而异地制订训练计划和安排训练负荷。进行灵敏素质训练时也应考虑区别对待的原则，因人、因时、因项、因地制宜地进行练习，才能获得良好的训练效果。

灵敏素质训练中区别对待原则的执行需做到如下几点。首先，根据运动员的特点进行灵敏素质练习，不同训练水平的运动员，应采用不同的练习方法和负荷。如有些运动员灵敏素质表现不好，可能是由于预判不足，抑或是移动变向能力或变换动作的能力不足，练习时应根据运动员的不同情况分别进行训练。其次，不同项目对运动员灵敏素质的要求不同，这已在竞技需要原则中进行了阐述，在此不再赘述。再次，处在不同训练阶段的运动员应安排不同的灵敏素质训练内容。开始阶段应注重基本脚步或身体控制能力的练习，如冲刺跑、后退跑、侧滑步和起动、制动、变向等基本移动能力和控制能力的练习，为后继的灵敏素质训练打下基础。如果运动员能很好地保持平衡和控制身体重心，并能快速移动，将会增大其获得成功的概率。随后可进行一些与专项相关的灵敏素质的移动步法练习，若是需要器械的项目，还可结合器械进行移动变向和变换动作的练习。当练习达到一定程度后，可以结合专项运动场景进行必要的预判和快速反应练习，并使之达到自动化的程度。

（三）全面发展与敏感期优先原则

1. 全面发展原则

全面发展指在灵敏素质训练过程中，应全面提高运动员的观察判断能力、变换动作能力和改变方向能力及身体控制能力。观察判断能力、变换动作能力和改变方向能力是灵敏素质不可分割的三种属性，将灵敏素质进行分类，并单独对某一属性进行研究，是为了更深入地探讨该属性的特点，因为不同能力具有不同的表现形式。但决不能因此而忽视了灵敏素质的完整性，只有将这三种能力统一起来进行多维度的考查，才能更加准确、完整地把握灵敏素质的真谛。在运动情景中任何一方面存在不足，都会影响运动员灵敏素质的整体表现。

观察判断能力的培养。结合运动实践提高运动员的观察能力，通过视觉追踪策略，获取更多的有效信息，巩固视觉搜寻的结构模式，加强对细微动作的辨别能力，形成运动记忆加以存储，以提高判断的准确性和速度。研究表明，视觉注意力可以不经过眼动而得到加强，并且视觉搜索的任务和结构似乎可以储存在记忆里，“双眼紧盯着球”的模式似乎不是处于最佳竞技状态的运动员喜欢的模式。大量研究表明，观察判断能力的训练可以有效地提高运动员的决策能力。

变换动作能力的培养。要想培养运动员的变换动作能力，就要全面发展运动员的技术动作（专项技术和非专项技术）。实践表明，学习掌握的技术动作越多、越熟练，建立的暂时性神经联系就越多，不仅表现出学习新动作技术快，更表现出技术运用灵活且富有创造性的特点。

改变方向能力的培养。全面学习多种移动步法，起动、制动、变向身体姿势与重心的控制，起初可以学习一些简单的闭链式移动动作，然后增加一些简单的刺激，并逐渐增加难度，包括刺激的难度和动作、方向的难度，有效提高运动员的变向能力。

灵敏素质由上述三部分构成，但并不是上述内容的简单相加。如果发现一种练习方法运动员练习起来较困难，应重点练习而不是将其调整为已熟练的练习动作。

2. 敏感期优先原则

身体素质的发展过程不仅是一个持续稳定的变化过程，还存在着增长速度特别快的过程或阶段，人们习惯将这一过程或阶段称为身体素质发展的敏感期。判定标准为年增长平均值加一个标准差作为临界值，增长速度大于或等于临界值的年份为该素质的敏感期。一般素质敏感期都有两个：迅速发展期和较快发展期。抓住敏感期进行针对性的训练能提高训练的有效性，达到事半功倍的效果。

研究指出，灵敏素质发展的敏感期在 7 ~ 12 岁，7 ~ 10 岁灵巧性高度发展。7 ~ 12 岁反应速度提高幅度最大，6 ~ 12 岁是培养节奏感的好时机，7 ~ 11 岁是发展空间定向能力的最佳时机，动作速度 4 ~ 17 岁发展最快，女子 9 ~ 12 岁，男子 9 ~ 14 岁是发展平衡能力的最佳时期。这些都与灵敏素质有关，这些能力的提高会给灵敏素质的提高带来帮助。

运动训练中强调灵敏素质敏感期训练，但绝不是强调灵敏素质的训练只有在灵敏素质敏感期才进行。国内不少教练员认为，灵敏素质应在青少年阶段进行训练，成年后就没有时间练习这些内容。其实灵敏素质在成年阶段也应该受到重视。研究指出，对灵敏素质的训练应该贯穿运动员训练的整个过程，因为神经适应可以通过长时间的不断重复得到发展。另外，与灵敏素质有关的很多素质，如速度、力量、功率、柔韧、平衡等均可以通过科学系统的训练得到提高。

灵敏素质的训练虽然要符合运动训练的基本规律，但灵敏素质自身的特点决定了其训练规律具有特殊性。根据灵敏素质的特点和运动训练的规律将灵敏素质的训练原则归结为健康安全与竞技需要原则；适宜负荷与区别对待原则；全面发展与敏感期优先原则。

二、协调能力训练

在人体综合性的运动素质中，其中最重要的一项就是人体的协调能力，人体协调能力的强弱决定着一个人运动素质的高低，通过培养人体的协调能力来提高身体的协调性，可以提高人体体能、人体技能，以便达到更好的训练效果。目前，可以通过对人体运动各个方面的分析来制订提升运动者身体协调性合理、科学的训练方案。

（一）人体运动协调能力的特征

运动协调能力指运动员的肌体各部分在时间和空间里相互配合，合理有效地完成动作的能力。《运动训练学》中指出“运动素质是人体体能的重要组成部分，是肌体在活动时所表现出来的各种基本运动能力，包括力量、耐力、速度、柔韧和灵敏等。它们之间都有各自相对独立的作用，又有着密切联系，彼此制约、相互影响，其中每一个因素的水平，都会影响着体能整体的水平。”肌肉的活动要通过运动来实现，运动中的战术、技术及运动素质等都要通过肌肉活动来表现，所以力量素质是运动的基础。

在每日的基本训练中，运动者进行剧烈的肌肉训练时，通过神经活动也可以调节和控制肌肉活动。我们从外观来看，力量训练是通过肌肉的活动来实现的，但从实际角度出发，在生理学方面来看，身体协调性是人的神经系统在起作用，外部环境或者自身体内的刺激通过身体内的神经系统传播到大脑皮质区域，从而调节肌肉的张弛与伸缩。运动协调能力本身是一种重要的智力，在运动中对神经系统的刺激，对大脑的发育是有着积极的影响的。我们可以通过练习掌握运动技能，细化肌肉协调的能力。运动协调能力反映的是一种精细的感觉，同时反映出的也是一种对外部刺激的分析和综合能力。

（二）人体运动协调能力的主要制约因素

1. 遗传因素

运动能力的各种组成性状是由遗传因素和环境因素共同决定的。一般来说，不明原因性协调能力差，绝大部分都是由遗传因素导致的，遗传因素决定了运动者运动能力起点的高低，遗传因素与人体协调能力有着紧密的联系。人的身体在运动过程中，是否能够完成非常复杂的运动技术动作，与人的神经系统中的功能水平存在着较为密切的联系，人体协调能力与神经系统中的功能水平关系极大。人体的神经系统功能很难被外界或者自身体内的因素所影响，所以说人体的神经系统的功能是不易受到后天的改变的，先天的遗传因素制约着人体协调能力的发展水平。

2. 大脑皮质下中枢神经系统的支配机能

所谓“闻道有先后”，运动技能有些人做起来相对简单，有些人相对难，就像很多人的身体运动协调能力都是由遗传因素决定的，但是仍然有不少的人经过后天的不懈努力，提升了自己的身体协调能力。在人的运动肌体内，要想完成较为复杂的运动技术动作，仅仅依靠大脑的皮质或者神经系统的调节是不完整的也是不准确的，这还要依赖于皮质运动区域内的抑制与兴奋过程灵活地转换支配身体机能来完成，只有这样才能完成高难度而又复杂的运动技术动作。如果人体的传导机能和反射机能出现障碍，人体的协调能力就会受到制约。

3. 感官系统机能

感官指能够感受外界事物刺激的器官，包括眼、耳、鼻、舌、身等。人身体的各部分都存在感受器，它们在受到外部环境或者自己身体内的刺激时会通过身体内的神经系统将刺激传输到大脑皮质区域，经过大脑皮质区域的综合分析，找到解决方案从而调节身体的机能。人在运动时，感受器也开始了它的工作，时刻准备着接收身体发出的信号，它们之间有很复杂而又微妙的关系，感受器作为神经系统调节的各个效应器官，为身体能够更好地运动提供了桥梁，使身体能够更有效、正确地完成运动技术动作。感官系统具有很好的灵活性，它能够为人体的肌肉和肝脏器官提供最为重要的支撑。

4. 运动技能的储存数量

一个人如果有丰富的运动技能储备，并且拥有高水平的运动技能，就能够轻松地建立起新的条件反射，也能够更快地接受并且掌握更高难度的运动技术，与此同时，其身体协调能力也能够很好地得到提升。大脑皮质支配着人体的肌肉活动，也可以这样说，大脑皮质支配着人体的各项运动。人们对身体素质的理解就是人体肌肉活动的能力，一个人的速度、耐力、力量、灵敏与柔韧性都比较好就说这个人身体素质好，也可以说运动素质好。随着运动素质的发展，人体机能也在不断地增强和扩大。随着运动技术水平的提高，人的运动技能也有很大的提升，并且技术掌握的熟练程度也大步提升。人体的运动技能之所以能够改进、发展和提高，都归功于大脑皮质活动的反应，即基于大脑神经在运动条件反射时做出的建立、巩固和分化。

人体运动技能的形成归功于条件反射的建立。运动技能的储存数量越多，越能顺利地建立新的条件反射、掌握新的运动技术，人体从而表现出较为良好的运动协调能力，反之，运动技能储存数量不足，人体就会表现出较差的运动协调能力。

5. 其他运动素质的发展水平

人体协调能力还受其他运动素质发展水平的影响，其他运动素质包括柔韧性、灵敏性、力量、耐力、身体平衡能力、技术动作纯熟度等。例如，柔韧性指人体关节活动范围的大小以及跨过关节的韧带、肌腱、肌肉及其他组织的弹性和伸展性。身体柔韧性不好的运动人员，关节活动范围较小，跨过关节的相关组织的弹性和伸展性较差，他的柔韧性就制约着身体协调性的发挥。灵敏性指在人体突然运动的条件下，准确、敏捷而又快速地完成技术动作的能力，它是一种综合性运动素质，灵敏性较差的人，运动反应较慢，身体协调性较差，但是通过转身突然跑、倒退跳远、躲闪跑、快速启动、急停练习等灵敏素质的练习能够有效地提高人体的协调能力。平衡能力分为两种，一种是静态平衡，如坐位、站立位等在一定时间范围内对身体姿势平衡的维持；另一种是动态平衡，如走、跑、跳等运动中的身体姿势平衡的维持。平衡能力不足会导致运动发展迟缓，从而影响人体的运动协调能力。

（三）人体运动协调能力的训练方法

人体运动协调能力的训练方法有很多，这里主要介绍以下几种。不习惯运动技术动作的各种身体练习，反向完成动作，如右手换左手实践。改变已习惯技术动作的速度和节奏，如做多组小跑、慢走、变换跑的练习等。还可以通过玩游戏的方式完成复杂的动作，如穿插一些技术动作的慢动作练习。创造性改变完成动作方式练习，可以采用不习惯组合的动作，使用已经掌握的技术动作做一些更加复杂化组合训练。改变技术动作的空间范围，适时用信号或有条件刺激使得运动人员做改变动作各种方式的练习。循环训练法，即根据训练的具体任务，建立多组练习站、练习点的训练。运动人员应当按照规定的顺序、路线，依次循环完成每站所规定的练习内容。

一个人的协调能力越基层，协调性训练法的使用频率越要高。即使是一米八以上的人，技术动作若不协调，协调性训练频率也要高。在准备时期，每周的训练频率为 2 ~ 3 次较为合理，动作项目至少十项，每项动作的练习次数至少三次以上才能达到锻炼身体协调能力的目的，在做训练前必须深刻了解自己的身体情况，即是在哪些方面不协调的，要针对自己身体不协调的方面，适时了解和掌握训练方法并学习相关理论知识，进行科学合理的锻炼。杜绝盲目的训练，否则，不但没有锻炼效果反而会伤害自己的身体，因为每种训练方法所适合的协调能力是不同的。在进行协调能力训练的同时也需要发展其他运动素质，从而更有效地改善身体的协调能力。

一个人运动的协调能力与人体的竞技能力有着密不可分的联系，协调并不是单一的力量、速度、柔韧性等运动素质的表现，而是这几种素质的综合表现，一个人如果拥有高度发达的感觉器官和神经系统，就能够协调复杂的机能活动和适应多变的运动环境。研究表明，制约人身体协调能力的因素主要有以下几种：一是遗传因素；二是大脑皮质下中枢神经系统的支配机能；三是感官系统机能；四是运动技能的储存数量；五是其他运动素质的发展水平。

体育运动的目的是通过运动来进行人体运动素质的训练，身体协调是体育运动的灵魂，只有身体协调了，人体的肌肉才能依赖大脑神经系统的支配发挥其作用。一个人运动协调能力的提升和发展能够大大提升身体的锻炼效果，能够纠正错误的技术动作，还能够提升各个技术动作之间的协调性，并且在提升心理素质方面也有非常可观的效果，还能够附带着表现力、注意力、观察力以及自信心等个人能力的提高。

参考文献

[1] 徐本力 . 运动训练学 [M]. 济南：山东教育出版社，1990.

[2] 董传升 . “科技奥运”的困境与消解 [M]. 沈阳：东北大学出版社，2004.

[3] 于涛 . 体育哲学研究 [M]. 北京：北京体育大学出版社，2009.

[4] 王祥荣 . 生态与环境：城市可持续发展与生态环境调控新论 [M]. 南京：东南大学出版社，2000.

[5] 李元伟 . 科技与体育：关于新世纪体育科学技术发展问题 [J]. 中国体育科技，2002（6）：4-9.

[6] 王智慧，王国艳 . 体育科技与体育伦理辨析 [J]. 体育文化导刊，2012（6）：146-148.

[7] 曹庆雷，李小兰 . 前沿科技与体育 [J]. 山东体育科技，2004（1）：37-38.

[8] 张朋，阿英嘎 . 科技与体育的对话：利弊述评 [J]. 福建体育科技，2015，34（4）：1-3.

[9] 谢丽娜 . 从奥运会比赛成绩看运动器材的变化 [J]. 体育文史，2000（4）：52-53.

[10] 杜利军 . 奥林匹克运动与现代科学技术 [J]. 中国体育科技，2001（3）：5-8.

[11] 于涛 . 从哲学角度再认识身体对揭示体育本质的意义 [J]. 上海体育学院学报，2008（3）：18-20.

[12] 张洪潭 . 体育的概念、术语、定义之解说立论 [J]. 西安体育学院学报，2006（4）：1-6.

[13] 张庭华，李培，王颖，等 . 走出体育语言：从语言学界的共识看媒体体育语言现象 [J]. 体育文化导刊，2007（7）：50-54.

[14] 汪寿松 . 论城市文化与城市文化建设 [J]. 南方论丛，2006（3）：101-105.

[15] 周爱光 . 体育本质的逻辑学思考 [J]. 武汉体育学院学报，1999（2）：3-5.

[16] 熊斗寅 ."体育" 概念的整体性与本土化思考：兼与韩丹等同志商榷 [J]. 体育与科学，2004（2）：8-12.

[17] 王春燕，潘绍伟 . 体育为何而存在？：20 世纪 80 年代以来我国体育本质研究综述 [J]. 体育文化导刊，2006（7）：46-48.

[18] 宋震昊 ."体育" 本体论（二）：体育概念批判 [J]. 南京体育学院学报（社会科学版），2006（3）：1-6.

[19] 胡科，虞重干 . 真义体育的体育争议 [J]. 南京体育学院学报（社会科学版），2010，24（4）：59-62.

[20] 张军献 . 寻找虚无上位概念：中国体育本质探索的症结 [J]. 体育学刊，2010，17（2）：1-7.

[21] 崔颖波 ."寻找虚无的上位概念" 并不是我国体育概念研究的症结：与张军献博士商榷 [J]. 体育学刊，2010，17（9）：1-4.

[22] 何维民，苏义民 ."体育" 概念的梳理及匡正 [J]. 武汉体育学院学报，2011，45（3）：5-10.